ELENCO SERIE TV

1. Breaking Bad - Reazioni collaterali (Breaking Bad) - 2008

2. Il Trono di Spade (Game of Thrones) - 2011

3. I Soprano (The Sopranos) - 1999

4. Friends (Friends) - 1994

5. Lost (Lost) - 2004

6. Twin Peaks (Twin Peaks) - 1990

7. Mad Men (Mad Men) - 2007

8. I Simpson (The Simpsons) - 1989

9. The Wire (The Wire) - 2002

10. Seinfeld (Seinfeld) - 1989

11. Star Trek (Star Trek: The Original Series) - 1966

12. Doctor Who (Doctor Who) - 1963

13. Sherlock (Sherlock) - 2010

14. Stranger Things (Stranger Things) - 2016

15. The Office (US) (The Office) - 2005

16. Fargo (Fargo) - 2014

17. True Detective (True Detective) - 2014

18. The Crown (The Crown) - 2016

19. Better Call Saul (Better Call Saul) - 2015

20. House of Cards (House of Cards) - 2013

21. Westworld - Dove tutto è concesso (Westworld) - 2016

22. Dexter (Dexter) - 2006

23. Band of Brothers - Fratelli al fronte (Band of Brothers) - 2001

24. The Mandalorian (The Mandalorian) - 2019

25. Buffy l'ammazzavampiri (Buffy the Vampire Slayer) - 1997

26. Chernobyl (Chernobyl) - 2019

27. I Griffin (Family Guy) - 1999

28. The Walking Dead (The Walking Dead) - 2010

29. Rick and Morty (Rick and Morty) - 2013

30. West Wing - Tutti gli uomini del Presidente (The West Wing) - 1999

31. Supernatural (Supernatural) - 2005

32. Orange Is the New Black (Orange Is the New Black) - 2013

33. Oz (Oz) - 1997

34. Futurama (Futurama) - 1999

35. Hannibal (Hannibal) - 2013

36. Arrested Development - Ti presento i miei (Arrested Development) - 2003

37. The Handmaid's Tale (The Handmaid's Tale) - 2017

38. Six Feet Under (Six Feet Under) - 2001

39. E.R. - Medici in prima linea (ER) - 1994

40. The X-Files (The X-Files) - 1993

41. 24 (24) - 2001

42. Battlestar Galactica (Battlestar Galactica) - 2004

43. The Twilight Zone (The Twilight Zone) - 1959

44. Il commissario Montalbano (Inspector Montalbano) - 1999

45. Bojack Horseman (BoJack Horseman) - 2014

46. Parks and Recreation (Parks and Recreation) - 2009

47. I segreti di Twin Peaks (Twin Peaks) - 1990

48. Fleabag (Fleabag) - 2016

49. Narcos (Narcos) - 2015

50. Peaky Blinders (Peaky Blinders) - 2013

51. The Shield (The Shield) - 2002

52. Firefly (Firefly) - 2002

53. Black Mirror (Black Mirror) - 2011

54. Scrubs - Medici ai primi ferri (Scrubs) - 2001

55. Daredevil (Daredevil) - 2015

56. Jessica Jones (Jessica Jones) - 2015

57. Luke Cage (Luke Cage) - 2016

58. The Punisher (The Punisher) - 2017

59. The Defenders (The Defenders) - 2017

60. Alias (Alias) - 2001

61. Fringe (Fringe) - 2008

62. Smallville (Smallville) - 2001

63. Gilmore Girls - Una mamma per amica (Gilmore Girls) - 2000

64. Downton Abbey (Downton Abbey) - 2010

65. True Blood (True Blood) - 2008

66. House - Dr. House - Medical Division (House) - 2004

67. Boardwalk Empire - L'impero del crimine (Boardwalk Empire) - 2010

68. Deadwood (Deadwood) - 2004

69. Rome (Rome) - 2005

70. Spartacus (Spartacus) - 2010

71. Broad City (Broad City) - 2014

72. Gomorra (Gomorrah) - 2014

73. The Leftovers (The Leftovers) - 2014

74. The Witcher (The Witcher) - 2019

75. The Boys (The Boys) - 2019

76. Lucifer (Lucifer) - 2016

77. The Umbrella Academy (The Umbrella Academy) - 2019

78. Carnivàle (Carnivàle) - 2003

79. Penny Dreadful (Penny Dreadful) - 2014

80. Mindhunter (Mindhunter) - 2017

81. Ozark (Ozark) - 2017

82. Veep - Vicepresidente incompetente (Veep) - 2012

83. Entourage (Entourage) - 2004

84. Sense8 (Sense8) - 2015

85. Big Little Lies - Piccole grandi bugie (Big Little Lies) - 2017

86. Broadchurch (Broadchurch) - 2013

87. Merlin (Merlin) - 2008

88. The Mentalist (The Mentalist) - 2008

89. Person of Interest (Person of Interest) - 2011

90. Twin Peaks: The Return (Twin Peaks) - 2017

91. Streghe (Charmed) - 1998

92. Euphoria (Euphoria) - 2019

93. Pose (Pose) - 2018

94. Yellowstone (Yellowstone) - 2018

95. The Haunting of Hill House (The Haunting of Hill House) - 2018

96. Sharp Objects (Sharp Objects) - 2018

97. Maniac (Maniac) - 2018

98. Altered Carbon (Altered Carbon) - 2018

99. This Is Us (This Is Us) - 2016

100. Mr. Robot (Mr. Robot) – 2015

1. Breaking Bad - Reazioni collaterali (Breaking Bad) - 2008

Breaking Bad - Reazioni collaterali è una serie televisiva americana creata da Vince Gilligan, andata in onda per la prima volta nel 2008. La trama ruota attorno a Walter White, un insegnante di chimica del liceo di Albuquerque, New Mexico, che si trasforma in un produttore di metanfetamine dopo aver scoperto di avere un cancro ai polmoni in stadio avanzato. La serie esplora il viaggio di Walter da un uomo comune a un criminale spietato, mettendo in luce le sue lotte personali e morali mentre cerca di assicurare un futuro finanziario alla sua famiglia.

Walter White, interpretato magistralmente da Bryan Cranston, è un uomo che si sente intrappolato nella mediocrità della sua vita. Quando gli viene diagnosticato il cancro, la sua preoccupazione principale diventa quella di lasciare abbastanza soldi alla moglie Skyler (Anna Gunn) e ai due figli, Walter Jr. (RJ Mitte) e Holly. La sua decisione di entrare nel mondo della produzione di droga è alimentata dal desiderio di prendersi cura della sua famiglia, ma presto si rende conto che questo mondo è molto più pericoloso e complicato di quanto avesse mai immaginato.

Uno degli elementi distintivi di Breaking Bad è la complessa evoluzione del personaggio di Walter White. Inizialmente presentato come un uomo timido e sottomesso, Walter si trasforma gradualmente in un uomo duro e spietato, disposto a tutto pur di raggiungere i suoi obiettivi. Questo cambiamento è evidenziato dalle sue interazioni con il partner criminale Jesse Pinkman (Aaron Paul), un ex studente di Walter diventato piccolo spacciatore, che diventa suo alleato nel business della metanfetamina.

Jesse Pinkman è un personaggio fondamentale nella serie, che porta una dinamica contrastante con Walter. Mentre Walter diventa sempre più corrotto, Jesse lotta con la sua coscienza e le conseguenze morali delle loro azioni. La relazione tra i due è complessa e spesso conflittuale, ma è anche caratterizzata da un legame profondo e quasi paterno.

La serie si distingue anche per la sua attenzione ai dettagli scientifici nella produzione di metanfetamina, che aggiunge un livello di autenticità e realismo. Le scene in cui Walter e Jesse cucinano metanfetamine sono tecnicamente accurate e dimostrano la competenza chimica di Walter, guadagnandogli il soprannome di "Heisenberg" nel mondo criminale.

Oltre alla trama principale, Breaking Bad affronta vari temi come la moralità, la famiglia, l'avidità e la discesa nell'illegalità. La serie è nota per la sua sceneggiatura eccellente, la regia innovativa e le performance straordinarie del cast. La cinematografia e la colonna sonora contribuiscono a creare un'atmosfera tesa e coinvolgente che tiene gli spettatori incollati allo schermo.

Breaking Bad ha ricevuto numerosi premi e riconoscimenti, tra cui 16 Primetime Emmy Awards. La performance di Bryan Cranston come Walter White è stata particolarmente lodata, con Cranston che ha vinto quattro Emmy Awards come Miglior Attore Protagonista in una Serie Drammatica. Anche Aaron Paul ha ricevuto ampi consensi, vincendo tre Emmy come Miglior Attore Non Protagonista.

La serie ha avuto un impatto significativo sulla cultura popolare e ha generato uno spin-off di successo, Better Call Saul, che esplora la vita del personaggio di Saul Goodman prima degli eventi di Breaking Bad. Con il suo mix di dramma intenso, personaggi complessi e narrazione avvincente, Breaking Bad rimane una delle serie televisive più acclamate di tutti i tempi.

2. Il Trono di Spade (Game of Thrones) - 2011

Il Trono di Spade, conosciuto anche come Game of Thrones, è una serie televisiva fantasy basata sulla saga di romanzi "A Song of Ice and Fire" di George R.R. Martin. La serie, creata da David Benioff e D.B. Weiss, è andata in onda per la prima volta nel 2011 su HBO e si è conclusa nel 2019, diventando rapidamente un fenomeno culturale globale.

La trama di Game of Thrones è ambientata nei continenti immaginari di Westeros ed Essos e segue numerose linee narrative che si intrecciano in un'epica lotta per il potere. La serie è nota per la sua complessità, con una vasta gamma di personaggi e casate nobiliari che competono per il Trono di Spade, il simbolo del potere supremo nel continente di Westeros.

Al centro della storia ci sono i membri della famiglia Stark di Winterfell, una delle casate più antiche e nobili di Westeros. Eddard "Ned" Stark (Sean Bean) è il capo della famiglia, un uomo onesto e leale che viene chiamato a servire come Mano del Re, il principale consigliere del suo vecchio amico, Re Robert Baratheon (Mark Addy). La famiglia Stark si trova rapidamente coinvolta in intrighi politici e tradimenti, con conseguenze devastanti.

Un'altra famiglia centrale nella trama è quella dei Lannister, noti per la loro ricchezza e astuzia. Cersei Lannister (Lena Headey), una donna ambiziosa e senza scrupoli, è sposata con Re Robert, ma il vero potere dietro il trono è suo fratello Jaime (Nikolaj Coster-Waldau) e il padre, Tywin Lannister (Charles Dance). Tyrion Lannister (Peter Dinklage), il fratello nano e brillante di Cersei e Jaime, è uno dei personaggi più amati della serie, noto per la sua arguzia e intelligenza.

La serie esplora anche la storia di Daenerys Targaryen (Emilia Clarke), l'ultima erede della dinastia Targaryen, che è stata deposta dal trono anni prima degli eventi della serie. Daenerys inizia la sua storia in esilio a Essos, ma con il tempo si trasforma in una potente leader determinata a riconquistare il Trono di Spade.

Game of Thrones è famosa per i suoi colpi di scena imprevedibili, le morti shock dei personaggi principali e la rappresentazione realistica delle politiche di potere. La serie non esita a mostrare la brutalità del medioevo, con battaglie sanguinose, tradimenti e complotti che tengono gli spettatori sempre sul filo del rasoio.

Oltre alla trama avvincente, la serie è stata lodata per la qualità della produzione, inclusi effetti speciali, costumi, scenografie e la colonna sonora composta da Ramin Djawadi. Le sequenze di battaglia, in particolare, sono state acclamate per la loro epicità e realismo.

Game of Thrones ha avuto un enorme impatto culturale, generando un vasto fandom e influenzando altre opere di fantasia e media. Ha ricevuto numerosi premi, tra cui 59 Primetime Emmy Awards, diventando una delle serie più premiate nella storia della televisione.

Nonostante il successo, la serie ha anche suscitato controversie, specialmente riguardo alla rappresentazione della violenza e alle scelte narrative delle ultime stagioni. Tuttavia, il suo impatto e la sua eredità nel mondo della televisione rimangono innegabili, consolidando Il Trono di Spade come una delle serie più iconiche e influenti degli ultimi decenni.

3. I Soprano (The Sopranos) - 1999

I Soprano (The Sopranos) è una serie televisiva drammatica americana creata da David Chase, andata in onda dal 1999 al 2007 su HBO. La serie è considerata una delle migliori nella storia della televisione e ha avuto un impatto significativo sulla cultura popolare e sul panorama televisivo.

La trama ruota attorno a Tony Soprano (James Gandolfini), un boss della mafia italoamericana del New Jersey, che cerca di bilanciare le responsabilità del suo ruolo criminale con quelle della sua famiglia. La serie esplora i dilemmi morali, le tensioni e i conflitti interni di Tony mentre affronta problemi personali e professionali.

Tony è un personaggio complesso, presentato come un uomo carismatico e potente ma anche vulnerabile e tormentato. La serie inizia con Tony che sperimenta attacchi di panico, portandolo a cercare l'aiuto di una psichiatra, la dottoressa Jennifer Melfi (Lorraine Bracco). Le sessioni di terapia di Tony con la dottoressa Melfi diventano un elemento centrale della serie, offrendo uno sguardo approfondito nella sua psiche e nei suoi problemi personali.

La famiglia di Tony gioca un ruolo fondamentale nella serie. Sua moglie Carmela (Edie Falco) è consapevole delle attività criminali del marito ma è anche attratta dal potere e dal denaro che queste comportano. I figli di Tony, Meadow (Jamie-Lynn Sigler) e A.J. (Robert Iler), affrontano le loro sfide mentre crescono in una famiglia con un padre criminale.

La serie è rinomata per la sua rappresentazione realistica e sfumata della vita mafiosa. Invece di glorificare la violenza, I Soprano esplora le conseguenze emotive e psicologiche delle azioni dei suoi personaggi. La serie offre anche una critica sociale, esaminando temi come la moralità, l'identità e il sogno americano.

Oltre ai membri della famiglia di Tony, la serie presenta una serie di personaggi secondari memorabili, tra cui membri della sua organizzazione mafiosa. Personaggi come Christopher Moltisanti (Michael Imperioli), il nipote di Tony, e Paulie Gualtieri (Tony Sirico) aggiungono profondità e complessità alla trama, ciascuno con le proprie storie e conflitti.

La narrazione non lineare della serie, caratterizzata da flashback e sogni, contribuisce a creare un'atmosfera unica e coinvolgente. Gli episodi sono ricchi di simbolismo e riferimenti culturali, offrendo un'esperienza visiva e intellettuale stimolante.

I Soprano ha ricevuto numerosi premi e riconoscimenti, tra cui 21 Primetime Emmy Awards e 5 Golden Globe. La performance di James Gandolfini nei panni di Tony Soprano è stata particolarmente acclamata, rendendolo una delle figure più iconiche della televisione.

La serie ha influenzato molte altre produzioni televisive e ha contribuito a inaugurare l'era della "TV di qualità". La sua combinazione di profondità narrativa, complessità dei personaggi e alta qualità della produzione ha stabilito nuovi standard per le serie drammatiche.

In conclusione, I Soprano rimane una pietra miliare nella storia della televisione, apprezzata per la sua rappresentazione realistica e sfumata della vita criminale e per la sua esplorazione dei dilemmi morali e psicologici dei suoi personaggi. La serie continua ad essere studiata e celebrata per la sua innovazione e il suo impatto duraturo.

4. Friends (Friends) - 1994

Friends è una serie televisiva comica americana creata da David Crane e Marta Kauffman, trasmessa dal 1994 al 2004. La serie è diventata un fenomeno culturale e una delle sitcom più amate e iconiche di tutti i tempi.

La trama di Friends segue le vicende di sei amici ventenni e trentenni che vivono a New York: Rachel Green (Jennifer Aniston), Ross Geller (David Schwimmer), Monica Geller (Courteney Cox), Chandler Bing (Matthew Perry), Joey Tribbiani (Matt LeBlanc) e Phoebe Buffay (Lisa Kudrow). La serie si svolge principalmente nei due appartamenti di Monica e Rachel e di Joey e Chandler, così come nel Central Perk, il caffè dove i personaggi si incontrano frequentemente.

Rachel Green inizia la serie fuggendo dal suo matrimonio e trovando rifugio presso l'amica di infanzia Monica. Rachel si adatta rapidamente alla vita indipendente e trova lavoro come cameriera al Central Perk prima di intraprendere una carriera nel settore della moda. La sua evoluzione da ragazza viziata a donna indipendente e sicura di sé è uno dei punti centrali della trama.

Ross Geller, il fratello maggiore di Monica, è un paleontologo con una storia d'amore travagliata. La sua relazione intermittente con Rachel Green è uno dei filoni narrativi principali della serie, caratterizzata da momenti romantici, comici e drammatici. Ross è anche noto per la sua ossessione per i dinosauri e il suo carattere leggermente nerd.

Monica Geller è una chef perfezionista e competitiva, nota per la sua pulizia maniacale e il desiderio di eccellere in tutto ciò che fa. La sua amicizia con Rachel e la sua relazione con Chandler Bing, che evolve nel corso della serie, sono elementi chiave della storia.

Chandler Bing è il miglior amico di Ross e, inizialmente, un compagno di stanza di Joey. È noto per il suo umorismo sarcastico e la sua incapacità di avere relazioni sentimentali stabili fino a quando non inizia una storia d'amore con Monica. La sua crescita come personaggio, passando da una figura comica a una persona più matura e responsabile, è un elemento importante della serie.

Joey Tribbiani è un attore in erba con un cuore d'oro e una mente semplice. La sua carriera attoriale, le sue avventure romantiche e la sua amicizia con Chandler sono fonte di molte situazioni comiche. Joey è un personaggio amato per la sua innocenza e il suo entusiasmo contagioso.

Phoebe Buffay è una massaggiatrice e musicista eccentrica con una storia personale complicata. La sua personalità unica, il suo umorismo stravagante e le sue canzoni bizzarre, come "Smelly Cat," aggiungono un tocco di eccentricità alla serie.

Friends è celebre per il suo umorismo brillante, le sue battute memorabili e le dinamiche tra i personaggi. La serie ha affrontato temi universali come l'amore, l'amicizia, il lavoro e la vita quotidiana, rendendola accessibile e rilevante per un vasto pubblico. Le situazioni comiche e i momenti emotivi hanno creato un legame profondo tra gli spettatori e i personaggi.

La serie ha avuto un enorme successo sia durante la sua trasmissione originale che nelle repliche successive. Ha ricevuto numerosi premi, tra cui un Primetime Emmy Award per la Migliore Serie Comica nel 2002. Il cast principale ha ottenuto una vasta popolarità, diventando star internazionali.

Friends ha lasciato un'impronta indelebile nella cultura popolare, influenzando il linguaggio, la moda e i costumi sociali. Le frasi celebri e le gag ricorrenti della serie sono entrate nel lessico comune, e il Central Perk è diventato un luogo iconico nella storia della televisione.

In conclusione, Friends rimane una delle serie televisive più amate e influenti di tutti i tempi, apprezzata per il suo umorismo senza tempo, i suoi personaggi memorabili e il suo ritratto autentico dell'amicizia e della vita quotidiana.

5. Lost (Lost) - 2004

Lost è una serie televisiva drammatica americana creata da J.J. Abrams, Damon Lindelof e Jeffrey Lieber, andata in onda dal 2004 al 2010 su ABC. La serie è nota per la sua trama intricata, i suoi misteri avvincenti e la sua narrazione non lineare, che ha tenuto gli spettatori incollati allo schermo per sei stagioni.

La storia inizia con il disastro aereo del volo Oceanic 815, che si schianta su un'isola misteriosa nell'Oceano Pacifico. I sopravvissuti devono imparare a convivere e a sopravvivere in un ambiente ostile e pieno di pericoli. La serie segue le vicende dei personaggi principali, esplorando le loro storie passate attraverso frequenti flashback e, in alcune stagioni, flashforward e flash-sideways.

Tra i sopravvissuti principali ci sono Jack Shephard (Matthew Fox), un chirurgo che assume il ruolo di leader del gruppo; Kate Austen (Evangeline Lilly), una donna in fuga dalla legge; John Locke (Terry O'Quinn), un uomo misterioso con un profondo legame con l'isola; Sawyer (Josh Holloway), un truffatore dal cuore d'oro; Sayid Jarrah (Naveen Andrews), un ex torturatore iracheno in cerca di redenzione; e Hurley (Jorge Garcia), un uomo che ha vinto alla lotteria ma crede di essere maledetto dalla sfortuna.

L'isola stessa è un personaggio importante nella serie, piena di segreti, strani fenomeni e forze soprannaturali. I sopravvissuti scoprono rapidamente che non sono soli sull'isola, incontrando altri gruppi di persone come "Gli Altri," un gruppo misterioso con proprie agende e segreti.

Uno degli elementi distintivi di Lost è la sua narrazione complessa e multilivello. Gli episodi spesso si concentrano su un personaggio specifico, esplorando il suo passato e rivelando come le sue esperienze lo abbiano plasmato. Questa struttura narrativa permette una profonda esplorazione dei personaggi, rendendoli ricchi e sfaccettati.

La serie è anche nota per i suoi numerosi misteri, che vanno dalla natura dell'isola stessa a enigmi come la botola, il fumo nero e le visioni di personaggi morti. Questi misteri hanno generato numerose teorie tra i fan e hanno mantenuto alta la tensione e l'interesse per tutta la durata della serie.

Lost ha ricevuto ampi consensi dalla critica e ha vinto numerosi premi, tra cui un Golden Globe per la Migliore Serie Drammatica nel 2006 e un Primetime Emmy Award per la Migliore Serie Drammatica nel 2005. La serie è stata lodata per la sua scrittura, la recitazione, la regia e la colonna sonora composta da Michael Giacchino.

Nonostante il finale controverso, Lost ha avuto un impatto duraturo sulla televisione e sulla cultura popolare. La sua innovativa narrazione e la sua capacità di mescolare generi come il dramma, il mistero, la fantascienza e l'elemento soprannaturale hanno influenzato molte serie successive.

In conclusione, Lost rimane una delle serie più affascinanti e discusse nella storia della televisione, nota per la sua complessità narrativa, i suoi personaggi memorabili e i suoi misteri avvincenti. La serie ha saputo catturare l'immaginazione degli spettatori e ha stabilito nuovi standard per la narrazione televisiva.

6. Twin Peaks (Twin Peaks) - 1990

Twin Peaks è una serie televisiva americana creata da David Lynch e Mark Frost, andata in onda per la prima volta nel 1990. La serie è diventata un fenomeno di culto grazie alla sua combinazione unica di dramma, mistero e surrealismo, influenzando profondamente il panorama televisivo e cinematografico.

La trama principale di Twin Peaks ruota attorno all'omicidio della giovane Laura Palmer (Sheryl Lee) nella piccola città di Twin Peaks, situata nello stato di Washington. L'agente speciale dell'FBI Dale Cooper (Kyle MacLachlan) viene inviato a Twin Peaks per investigare sul caso, collaborando con lo sceriffo locale Harry S. Truman (Michael Ontkean) e la sua squadra.

Dale Cooper è un personaggio iconico, noto per il suo comportamento eccentrico, la sua passione per il caffè e la torta di ciliegie, e le sue metodologie investigative uniche, che spesso includono sogni e intuizioni mistiche. La sua indagine sull'omicidio di Laura Palmer porta alla luce i segreti oscuri degli abitanti di Twin Peaks, rivelando una rete complessa di relazioni e misteri.

La serie è caratterizzata da un'atmosfera onirica e surreale, con elementi soprannaturali che si mescolano alla realtà quotidiana. Le scene ambientate nella Loggia Nera, un luogo misterioso popolato da figure enigmatiche come il Nano (Michael J. Anderson) e il Gigante (Carel Struycken), sono tra le più memorabili e inquietanti della serie.

I personaggi di Twin Peaks sono vari e singolari, ognuno con le proprie peculiarità e segreti. Tra i più noti ci sono Audrey Horne (Sherilyn Fenn), la figlia ribelle di un uomo d'affari locale; Donna Hayward (Lara Flynn Boyle), la migliore amica di Laura Palmer; James Hurley (James Marshall), il fidanzato di Laura; e Bobby Briggs (Dana Ashbrook), un giovane coinvolto in attività criminali.

La serie esplora anche la vita di altri residenti di Twin Peaks, come la logorata vedova Nadine Hurley (Wendy Robie) e suo marito Ed (Everett McGill), il medico della città Dr. Lawrence Jacoby (Russ Tamblyn), e la misteriosa Signora Ceppo (Catherine E. Coulson). Ogni personaggio contribuisce a creare un mosaico complesso e affascinante della vita in una piccola città americana.

Twin Peaks è nota per la sua colonna sonora iconica, composta da Angelo Badalamenti, che aggiunge un ulteriore strato di atmosfera alla serie. Le musiche di Badalamenti, insieme alle immagini surreali e alla narrazione non convenzionale, creano un'esperienza visiva e auditiva unica.

Nonostante la sua breve durata, con due stagioni e un film prequel intitolato "Twin Peaks: Fire Walk with Me," la serie ha lasciato un'impronta indelebile nella cultura popolare. Il revival del 2017, "Twin Peaks: The Return," ha riunito molti dei personaggi originali e ha continuato a esplorare i misteri della serie originale, mantenendo intatta la sua atmosfera enigmatica.

Twin Peaks ha ricevuto numerosi premi e riconoscimenti, e la sua influenza si estende oltre il mondo televisivo, ispirando artisti, registi e scrittori. La serie ha ridefinito il concetto di narrazione televisiva, dimostrando che una serie può essere allo stesso tempo artistica, surreale e profondamente coinvolgente.

In conclusione, Twin Peaks rimane una delle serie televisive più innovative e influenti di tutti i tempi, apprezzata per la sua audacia creativa, i suoi personaggi indimenticabili e la sua capacità di immergere gli spettatori in un mondo misterioso e affascinante. La serie continua a essere celebrata come un capolavoro di narrazione televisiva e un'icona della cultura popolare.

7. Mad Men (Mad Men) - 2007

Mad Men è una serie televisiva drammatica americana creata da Matthew Weiner, andata in onda dal 2007 al 2015 su AMC. La serie è ambientata negli anni '60 e segue le vicende di un'agenzia pubblicitaria di New York chiamata Sterling Cooper e, successivamente, Sterling Cooper Draper Pryce. Mad Men è acclamata per la sua rappresentazione accurata dell'epoca, la sua complessa narrazione e la profondità dei suoi personaggi.

Il protagonista principale della serie è Don Draper (Jon Hamm), il direttore creativo di Sterling Cooper, che è carismatico, talentuoso e tormentato. Don è un uomo dal passato misterioso, che nasconde molti segreti, incluso il suo vero nome e la sua storia di origine. La serie esplora la dualità della vita di Don, mostrando il suo successo professionale e il suo fallimento personale.

La serie offre uno sguardo approfondito nel mondo della pubblicità degli anni '60, un'epoca di grande cambiamento sociale e culturale negli Stati Uniti. La rappresentazione dettagliata della moda, del design, del comportamento sociale e delle dinamiche di genere di quel periodo è una delle caratteristiche distintive di Mad Men.

Tra i personaggi principali ci sono Peggy Olson (Elisabeth Moss), una giovane segretaria che ambisce a diventare copywriter e che lotta per affermarsi in un ambiente dominato dagli uomini; Joan Holloway (Christina Hendricks), la sensuale e capace office manager che utilizza la sua intelligenza e il suo fascino per navigare nel mondo aziendale; e Roger Sterling (John Slattery), il co-fondatore dell'agenzia, noto per il suo carisma e il suo stile di vita edonistico.

La serie affronta temi complessi come l'identità, la sessualità, l'alcolismo, il razzismo e il cambiamento sociale. Mad Men esplora come questi temi influenzano i personaggi e le loro relazioni, offrendo uno spaccato realistico e spesso critico della società americana dell'epoca.

Uno degli aspetti più affascinanti di Mad Men è la sua attenzione ai dettagli storici e culturali. Gli eventi storici reali, come l'assassinio di John F. Kennedy, la guerra del Vietnam e il movimento per i diritti civili, fanno da sfondo alla narrazione, influenzando le vite dei personaggi e riflettendo le turbolenze dell'epoca.

La serie è anche nota per la sua sofisticata scrittura e la sua cinematografia elegante. Le scene sono spesso girate con un'estetica che richiama i film degli anni '60, con un'attenzione particolare alla composizione visiva e all'illuminazione. La colonna sonora della serie, che include molte canzoni iconiche dell'epoca, contribuisce a creare un'atmosfera autentica e coinvolgente.

Mad Men ha ricevuto numerosi premi, tra cui 16 Primetime Emmy Awards e 5 Golden Globe. La performance di Jon Hamm come Don Draper è stata particolarmente acclamata, rendendolo uno dei personaggi più iconici della televisione moderna. Anche Elisabeth Moss e Christina Hendricks hanno ricevuto ampi consensi per le loro interpretazioni.

La serie ha avuto un impatto significativo sulla cultura popolare, influenzando la moda, il design e l'interesse per l'epoca degli anni '60. Mad Men è spesso citata come una delle migliori serie televisive di tutti i tempi, grazie alla sua narrazione complessa, ai personaggi ben sviluppati e alla sua rappresentazione accurata di un periodo di grande cambiamento.

In conclusione, Mad Men rimane una serie televisiva fondamentale, apprezzata per la sua profondità narrativa, la sua accuratezza storica e la sua capacità di esplorare temi complessi attraverso personaggi ricchi e sfaccettati. La serie continua a essere celebrata come un capolavoro della televisione moderna e un'icona della cultura popolare.

8. I Simpson (The Simpsons) - 1989

I Simpson (The Simpsons) è una serie televisiva animata americana creata da Matt Groening, che ha debuttato nel 1989. La serie è una parodia satirica della vita americana, rappresentata attraverso la famiglia Simpson, composta da Homer, Marge, Bart, Lisa e Maggie. Con il suo umorismo tagliente e le sue osservazioni sociali, I Simpson è diventata una delle serie più longeve e influenti nella storia della televisione.

La serie è ambientata nella città immaginaria di Springfield e segue le avventure quotidiane della famiglia Simpson. Homer Simpson, il padre, è un operaio pigro e incompetente che lavora alla centrale nucleare di Springfield. Nonostante i suoi numerosi difetti, Homer è amato per il suo buon cuore e la sua capacità di tirarsi fuori dai guai con la sua astuzia.

Marge Simpson, la madre, è la voce della ragione nella famiglia. Con la sua famosa capigliatura blu, Marge cerca di mantenere l'ordine in casa e di prendersi cura dei suoi tre figli: Bart, Lisa e Maggie. Marge rappresenta l'ideale della madre devota e amorevole, anche se spesso si trova sopraffatta dalle buffonate di Homer e dei bambini.

Bart Simpson è il figlio maggiore, noto per il suo spirito ribelle e le sue marachelle. Bart è un disastro a scuola, sempre in conflitto con la preside Skinner e la maestra Edna Caprapall. Nonostante le sue birichinate, Bart ha un cuore d'oro e un forte legame con la sua famiglia.

Lisa Simpson è la figlia di mezzo, un prodigio intellettuale con una passione per la musica e un forte senso di giustizia. Lisa è spesso in contrasto con i valori materialisti della società e lotta per cause ambientali, sociali e politiche. La sua intelligenza e la sua maturità la rendono un personaggio unico e affascinante.

Maggie Simpson, la figlia più giovane, è un neonato silenzioso ma estremamente intelligente. Nonostante la sua età, Maggie ha vissuto molte avventure e ha dimostrato una sorprendente capacità di risolvere problemi complessi.

Oltre alla famiglia Simpson, la serie presenta una vasta gamma di personaggi secondari, ognuno con le proprie peculiarità. Personaggi come il signor Burns, il malvagio proprietario della centrale nucleare, Ned Flanders, il vicino di casa estremamente religioso, e Krusty il Clown, il comico televisivo, aggiungono profondità e umorismo alla serie.

I Simpson è nota per il suo umorismo satirico e le sue osservazioni sociali. La serie affronta temi come la politica, la cultura popolare, la religione e la vita familiare con uno stile irriverente e spesso provocatorio. Le battute e le situazioni comiche sono arricchite da riferimenti culturali e citazioni che spaziano dalla letteratura alla musica, dal cinema alla storia.

La serie ha ricevuto numerosi premi, tra cui 34 Primetime Emmy Awards, e ha influenzato molte altre serie televisive animate e non. Il suo impatto sulla cultura popolare è vasto, con personaggi, frasi e episodi che sono diventati parte del lessico comune.

Nonostante la sua lunga durata, I Simpson ha saputo rimanere rilevante, adattandosi ai cambiamenti della società e continuando a intrattenere le nuove generazioni di spettatori. La serie è un esempio brillante di come l'animazione possa essere utilizzata per esplorare e commentare la vita e la cultura contemporanea.

In conclusione, I Simpson è una delle serie televisive più iconiche e influenti di tutti i tempi. Con il suo umorismo intelligente, i suoi personaggi memorabili e le sue osservazioni sociali taglienti, la serie continua a essere un punto di riferimento nella cultura popolare e un esempio di eccellenza nell'animazione televisiva.

9. The Wire (The Wire) - 2002

The Wire è una serie televisiva drammatica americana creata da David Simon, trasmessa dal 2002 al 2008 su HBO. La serie è acclamata per la sua rappresentazione realistica e dettagliata della città di Baltimore, esplorando temi complessi come la criminalità, la politica, l'istruzione e i media. Con la sua narrazione intricata e i suoi personaggi profondamente sviluppati, The Wire è considerata una delle migliori serie televisive mai realizzate.

La trama di The Wire si sviluppa attraverso cinque stagioni, ognuna delle quali si concentra su un aspetto diverso della città di Baltimore. La prima stagione esplora il commercio di droga e le forze di polizia incaricate di contrastarlo. Al centro della narrazione ci sono l'ufficiale di polizia Jimmy McNulty (Dominic West) e la sua squadra, che cercano di smantellare l'organizzazione criminale guidata da Avon Barksdale (Wood Harris) e il suo braccio destro, Stringer Bell (Idris Elba).

La seconda stagione sposta l'attenzione sul porto di Baltimore e sul contrabbando, introducendo nuovi personaggi come il capo sindacale Frank Sobotka (Chris Bauer) e i membri della sua famiglia. Questa stagione esplora i temi della deindustrializzazione e dell'economia in declino.

La terza stagione ritorna al tema della droga e delle forze di polizia, introducendo il concetto di "Hamsterdam", una zona franca non ufficiale dove la polizia permette lo spaccio di droga per ridurre la violenza nei quartieri residenziali. Questa stagione mette in evidenza le tensioni tra l'applicazione della legge e le politiche pubbliche.

La quarta stagione si concentra sul sistema scolastico di Baltimore, seguendo le storie di un gruppo di studenti mentre affrontano le sfide della vita nei quartieri poveri. La stagione esplora le difficoltà degli insegnanti e degli amministratori scolastici nel cercare di offrire un'istruzione significativa in un contesto di risorse limitate e pressioni sociali.

La quinta e ultima stagione esamina il ruolo dei media, concentrandosi sul quotidiano immaginario "The Baltimore Sun" e sul suo staff di giornalisti. Questa stagione critica il sensazionalismo e la superficialità del giornalismo moderno, mettendo in luce come i media influenzino la percezione pubblica dei problemi sociali.

The Wire è nota per il suo realismo e la sua attenzione ai dettagli. La serie è stata elogiata per la sua rappresentazione autentica delle vite delle persone coinvolte nel commercio di droga, nella polizia, nella politica, nell'istruzione e nei media. I personaggi sono complessi e sfaccettati, spesso mostrati in situazioni moralmente ambigue.

La serie è anche nota per il suo cast corale, che include attori come Michael K. Williams nel ruolo di Omar Little, un ladro di droga con un forte codice morale; Wendell Pierce come l'ufficiale di polizia Bunk Moreland; e Sonja Sohn come la detective Kima Greggs. Ogni personaggio contribuisce a creare un ritratto vivido e complesso della città di Baltimore.

The Wire ha ricevuto ampi consensi dalla critica e ha avuto un impatto duraturo sulla cultura popolare. La sua rappresentazione onesta e non edulcorata della vita urbana ha influenzato molte altre serie televisive e ha contribuito a elevare il livello della narrazione televisiva.

In conclusione, The Wire è una serie televisiva eccezionale che offre una visione profonda e critica della società urbana americana. Con la sua narrazione complessa, i suoi personaggi ben sviluppati e la sua rappresentazione realistica dei problemi sociali, The Wire rimane una pietra miliare nella storia della televisione e un esempio di eccellenza nella narrazione drammatica.

10. Seinfeld (Seinfeld) - 1989

Seinfeld è una serie televisiva comica americana creata da Larry David e Jerry Seinfeld, andata in onda dal 1989 al 1998 su NBC. Spesso descritta come "una serie su niente", Seinfeld è diventata una delle sitcom più amate e influenti nella storia della televisione, grazie al suo umorismo unico e alle sue osservazioni sulla vita quotidiana.

La serie è incentrata su una versione fittizia di Jerry Seinfeld, interpretata dallo stesso Jerry Seinfeld, un comico di stand-up che vive a New York. Jerry è circondato da un gruppo di amici eccentrici, ognuno con le proprie peculiarità e manie. I personaggi principali includono George Costanza (Jason Alexander), Elaine Benes (Julia Louis-Dreyfus) e Cosmo Kramer (Michael Richards).

George Costanza è il miglior amico di Jerry e il personaggio più nevrotico della serie. George è costantemente preoccupato per il lavoro, le relazioni e la vita in generale. La sua insicurezza e i suoi tentativi spesso fallimentari di migliorare la sua situazione portano a molte delle situazioni comiche della serie.

Elaine Benes, l'ex fidanzata di Jerry e sua amica, è una donna forte e indipendente, nota per il suo sarcasmo e la sua franchezza. Elaine lavora nell'editoria e spesso si trova coinvolta in situazioni bizzarre legate al suo lavoro e alla sua vita amorosa.

Cosmo Kramer, il vicino di casa di Jerry, è il personaggio più eccentrico della serie. Kramer è noto per le sue entrate improvvise nell'appartamento di Jerry, le sue idee stravaganti e i suoi progetti imprenditoriali assurdi. La sua personalità unica e le sue avventure improbabili sono una fonte costante di umorismo.

Seinfeld è celebre per il suo umorismo basato su osservazioni acute della vita quotidiana e delle piccole stranezze del comportamento umano. Gli episodi spesso ruotano attorno a situazioni apparentemente banali, come aspettare in fila, cercare un parcheggio o uscire con qualcuno, trasformandole in eventi comici memorabili.

La serie ha introdotto numerosi termini e frasi che sono entrati nel lessico comune, come "double-dipping," "close talker," e "master of your domain." L'umorismo di Seinfeld è spesso caratterizzato da una certa assenza di moralità dei personaggi principali, che agiscono in modo egoistico e spesso immaturo.

Seinfeld ha ricevuto numerosi premi, tra cui 10 Primetime Emmy Awards, e ha avuto un impatto duraturo sulla cultura popolare. La serie ha influenzato molte altre sitcom e ha stabilito nuovi standard per la commedia televisiva. Le sue osservazioni sulla vita quotidiana e le sue situazioni comiche sono rimaste rilevanti e divertenti anche anni dopo la fine della serie.

In conclusione, Seinfeld è una delle serie televisive comiche più iconiche e influenti di tutti i tempi. Con il suo umorismo unico, i suoi personaggi indimenticabili e le sue osservazioni sulla vita quotidiana, la serie ha lasciato un'impronta indelebile nella storia della televisione e continua a essere amata da generazioni di spettatori.

11. Star Trek (Star Trek: The Original Series) - 1966

Star Trek: The Original Series è una serie televisiva di fantascienza americana creata da Gene Roddenberry, andata in onda per la prima volta nel 1966. La serie, spesso semplicemente chiamata Star Trek, è ambientata nel 23° secolo e segue le avventure dell'equipaggio della nave stellare USS Enterprise, la cui missione è "esplorare strani, nuovi mondi; cercare nuove forme di vita e nuove civiltà; andare coraggiosamente là dove nessun uomo è mai giunto prima."

Il capitano della USS Enterprise è James T. Kirk (William Shatner), un leader carismatico e audace che guida il suo equipaggio con determinazione e coraggio. Kirk è noto per il suo stile di comando diretto e per la sua capacità di affrontare situazioni pericolose con intelligenza e risolutezza.

Il primo ufficiale della nave è Spock (Leonard Nimoy), un vulcaniano che rappresenta la logica e la razionalità. Spock è mezzo umano e mezzo vulcaniano, il che lo rende un personaggio complesso e affascinante. La sua lotta per bilanciare le sue emozioni umane con la logica vulcaniana è una delle tematiche ricorrenti della serie.

Il capo ingegnere della nave è Montgomery "Scotty" Scott (James Doohan), noto per la sua abilità tecnica e il suo famoso grido "I'm giving her all she's got, Captain!" (Le sto dando tutto quello che ho, Capitano!). Altri membri importanti dell'equipaggio includono il dottor Leonard "Bones" McCoy (DeForest Kelley), l'ufficiale delle comunicazioni Uhura (Nichelle Nichols), il timoniere Hikaru Sulu (George Takei) e il navigatore Pavel Chekov (Walter Koenig).

Star Trek è rinomata per la sua visione ottimistica del futuro, dove l'umanità ha superato molte delle sue divisioni e problemi sociali, unendosi per esplorare lo spazio e scoprire nuove civiltà. La serie affronta temi importanti come il razzismo, la guerra, la pace e l'etica scientifica, spesso utilizzando le avventure spaziali dell'Enterprise come metafora per questioni contemporanee.

Nonostante il suo successo limitato durante la trasmissione originale, Star Trek è diventata una delle serie più influenti nella storia della televisione. Ha generato un vasto franchise, includendo serie spin-off, film, libri, fumetti e un fandom appassionato.

La serie originale è stata lodata per la sua inclusività, con un cast diversificato che includeva uno dei primi ruoli significativi per un'attrice afroamericana in televisione, Nichelle Nichols come Uhura. Il bacio interrazziale tra Kirk e Uhura è considerato uno dei momenti storici della televisione.

In conclusione, Star Trek: The Original Series è una pietra miliare nella storia della fantascienza televisiva, celebrata per la sua visione positiva del futuro, i suoi temi profondi e i suoi personaggi memorabili. La serie continua a essere apprezzata dai fan e ha lasciato un'eredità duratura nella cultura popolare.

12. Doctor Who (Doctor Who) - 1963

Doctor Who è una serie televisiva di fantascienza britannica creata da Sydney Newman, C. E. Webber e Donald Wilson, che ha debuttato nel 1963 sulla BBC. La serie è famosa per essere la più longeva serie di fantascienza della televisione, raccontando le avventure di un Signore del Tempo noto come il Dottore, che viaggia attraverso il tempo e lo spazio in una nave chiamata TARDIS.

Il Dottore è un alieno della razza dei Signori del Tempo del pianeta Gallifrey, capace di rigenerarsi in un nuovo corpo quando è vicino alla morte, il che ha permesso al personaggio di essere interpretato da vari attori nel corso degli anni. Ogni incarnazione del Dottore ha una personalità unica, pur mantenendo la stessa essenza e i valori del personaggio.

La TARDIS, che all'esterno sembra una comune cabina telefonica della polizia britannica, è molto più grande all'interno e ha la capacità di viaggiare nel tempo e nello spazio. Il Dottore è spesso accompagnato da compagni umani che lo assistono nelle sue avventure, offrendo una prospettiva umana alle storie.

Le avventure del Dottore spaziano dal contrastare minacce aliene e robotiche, come i Dalek e i Cybermen, a risolvere enigmi storici e salvare civiltà intere. La serie è nota per la sua capacità di mescolare fantascienza, avventura, dramma e umorismo, offrendo storie che possono essere sia profonde che leggere.

Uno degli aspetti distintivi di Doctor Who è la sua capacità di reinventarsi continuamente, mantenendo la freschezza e l'originalità nonostante la sua lunga storia. Ogni nuovo attore che interpreta il Dottore porta una nuova interpretazione al personaggio, mentre la narrativa della serie evolve per riflettere i tempi contemporanei e le nuove idee.

Doctor Who ha avuto un impatto significativo sulla cultura popolare britannica e mondiale, influenzando generazioni di scrittori, registi e fan. La serie ha ricevuto numerosi premi e riconoscimenti, ed è celebrata per il suo spirito innovativo e la sua capacità di affrontare temi complessi in modo accessibile e coinvolgente.

In conclusione, Doctor Who è una delle serie televisive più iconiche e longeve, apprezzata per la sua capacità di reinventarsi, la sua narrazione avvincente e la sua influenza duratura sulla fantascienza e la cultura popolare. La serie continua a essere amata da generazioni di spettatori, dimostrando il potere della televisione di raccontare storie senza tempo.

13. Sherlock (Sherlock) - 2010

Sherlock è una serie televisiva britannica creata da Steven Moffat e Mark Gatiss, basata sui celebri racconti di Sherlock Holmes scritti da Sir Arthur Conan Doyle. La serie, andata in onda dal 2010, reinterpreta le avventure del famoso detective nella Londra contemporanea, offrendo una nuova prospettiva sui classici personaggi.

Benedict Cumberbatch interpreta Sherlock Holmes, un detective consulente straordinariamente intelligente e dal carattere complesso. Sherlock è noto per le sue capacità di deduzione eccezionali, la sua abilità nel risolvere enigmi e il suo approccio spesso distaccato e arrogante. Nonostante le sue eccentricità, Sherlock è un detective brillante, capace di risolvere casi apparentemente impossibili.

Martin Freeman interpreta il dottor John Watson, un ex medico militare che diventa il fidato compagno e amico di Sherlock. Watson è un contrappunto perfetto per Sherlock, portando una prospettiva più umana e pratica alle investigazioni. La loro amicizia e collaborazione è uno dei punti centrali della serie, mostrando come due persone molto diverse possano lavorare insieme in modo efficace.

La serie è nota per la sua scrittura brillante e la sua capacità di modernizzare le storie classiche di Conan Doyle, mantenendo intatto lo spirito originale dei personaggi. Ogni episodio è una rivisitazione contemporanea di uno dei racconti o romanzi originali, con trame intricate e colpi di scena che tengono gli spettatori incollati allo schermo.

Sherlock è anche celebrata per la sua cinematografia elegante e innovativa. Le tecniche visive utilizzate per rappresentare i processi mentali di Sherlock, come le deduzioni rapide e le connessioni logiche, offrono agli spettatori un'esperienza visiva unica e coinvolgente. La serie utilizza Londra come sfondo in modo magistrale, rendendo la città un personaggio a sé stante.

Il principale antagonista della serie è Jim Moriarty, interpretato da Andrew Scott. Moriarty è un genio criminale con un'ossessione per Sherlock, creando un confronto epico tra due menti straordinarie. La rappresentazione di Moriarty nella serie è diventata iconica, con Scott che offre una performance intensa e memorabile.

Sherlock ha ricevuto numerosi premi, tra cui diversi BAFTA e Primetime Emmy Awards, ed è stata acclamata dalla critica per la sua narrazione avvincente, le performance eccezionali del cast e la sua innovazione visiva. La serie ha avuto un impatto significativo sulla cultura popolare e ha rinnovato l'interesse per il personaggio di Sherlock Holmes e le sue avventure.

In conclusione, Sherlock è una delle serie televisive più brillanti e innovative degli ultimi anni, celebrata per la sua capacità di reinterpretare i classici in un contesto moderno, la sua narrazione avvincente e le performance eccezionali dei suoi attori. La serie continua a essere apprezzata dai fan di tutto il mondo, consolidando il suo posto come una delle migliori reinterpretazioni di Sherlock Holmes.

14. Stranger Things (Stranger Things) - 2016

Stranger Things è una serie televisiva di fantascienza e horror creata dai fratelli Duffer, andata in onda per la prima volta su Netflix nel 2016. La serie è ambientata negli anni '80 nella città fittizia di Hawkins, Indiana, e segue un gruppo di bambini che si imbattono in eventi soprannaturali mentre cercano di ritrovare il loro amico scomparso.

La trama inizia con la scomparsa di Will Byers (Noah Schnapp), un ragazzo di dodici anni, che svanisce misteriosamente mentre torna a casa dopo aver giocato con i suoi amici. La sua scomparsa porta i suoi amici Mike Wheeler (Finn Wolfhard), Dustin Henderson (Gaten Matarazzo) e Lucas Sinclair (Caleb McLaughlin) a cercarlo, scoprendo così una ragazza con poteri telecinetici chiamata Undici (Millie Bobby Brown).

Undici, fuggita da un laboratorio governativo segreto, rivela ai ragazzi l'esistenza di un mondo parallelo chiamato il Sottosopra, che è collegato alla scomparsa di Will. La serie esplora il loro tentativo di salvare l'amico e svelare i misteri che circondano Hawkins, tra cui le attività segrete del laboratorio e le creature terrificanti che abitano il Sottosopra.

La madre di Will, Joyce Byers (Winona Ryder), è una delle protagoniste adulte della serie. Determinata a ritrovare suo figlio, Joyce inizia a sperimentare fenomeni inspiegabili che la portano a credere che Will sia ancora vivo e cerca di comunicare con lui attraverso luci natalizie e altri mezzi. Il capo della polizia di Hawkins, Jim Hopper (David Harbour), si unisce alla ricerca, inizialmente scettico ma poi convinto della realtà soprannaturale della situazione.

Stranger Things è nota per la sua atmosfera nostalgica che richiama i film e la cultura pop degli anni '80. La serie include numerosi riferimenti a opere iconiche di quell'epoca, come i film di Steven Spielberg, i libri di Stephen King e i giochi di Dungeons & Dragons, creando un'esperienza visiva che combina horror, fantascienza e avventura con un forte senso di nostalgia.

I personaggi della serie sono un punto di forza significativo, con interpretazioni eccellenti da parte di un giovane cast. Millie Bobby Brown, in particolare, ha ricevuto ampi consensi per la sua interpretazione di Undici, un personaggio complesso e affascinante che è diventato rapidamente uno dei preferiti dai fan.

La colonna sonora di Stranger Things, composta da Michael Stein e Kyle Dixon, contribuisce notevolmente all'atmosfera della serie, con brani che evocano la musica synth degli anni '80 e aggiungono tensione e emozione alle scene.

Stranger Things ha ricevuto numerosi premi e riconoscimenti, tra cui diversi Primetime Emmy Awards. La serie è stata lodata per la sua scrittura, la regia, le performance del cast e la sua capacità di mescolare generi in modo efficace. Il successo di Stranger Things ha consolidato la posizione di Netflix come produttore di contenuti originali di alta qualità.

In conclusione, Stranger Things è una serie televisiva avvincente e nostalgica che combina elementi di horror, fantascienza e avventura in un'ambientazione anni '80. Con i suoi personaggi memorabili, la sua atmosfera unica e la sua narrazione coinvolgente, la serie continua a essere un fenomeno culturale e una delle produzioni più apprezzate degli ultimi anni.

15. The Office (US) (The Office) - 2005

The Office è una serie televisiva comica americana adattata da Greg Daniels, basata sull'omonima serie britannica creata da Ricky Gervais e Stephen Merchant. La versione americana, andata in onda dal 2005 al 2013, è ambientata negli uffici della Dunder Mifflin, una compagnia di distribuzione di carta a Scranton, Pennsylvania. La serie è girata nello stile del falso documentario, con una troupe di riprese che segue la vita quotidiana dei dipendenti dell'ufficio.

Il protagonista della serie è Michael Scott (Steve Carell), il manager regionale della Dunder Mifflin. Michael è un personaggio eccentrico e spesso inappropriato, ma con un cuore d'oro. La sua mancanza di consapevolezza sociale e le sue buffonate comiche sono una fonte costante di umorismo, ma la serie esplora anche i suoi momenti di vulnerabilità e il suo desiderio di essere amato e rispettato dai suoi dipendenti.

Jim Halpert (John Krasinski) è uno dei dipendenti principali, noto per il suo spirito arguto e la sua abitudine di fare scherzi al collega Dwight Schrute (Rainn Wilson). Jim ha una relazione romantica con Pam Beesly (Jenna Fischer), la receptionist dell'ufficio, che è una delle storie d'amore centrali della serie. La loro relazione evolve nel corso delle stagioni, offrendo momenti sia comici che emotivi.

Dwight Schrute è un personaggio unico, il vice-reggente della Dunder Mifflin e un venditore eccentrico con una passione per le arti marziali e la gestione agricola. Dwight prende il suo lavoro estremamente sul serio e le sue interazioni con Michael e Jim sono tra le più divertenti della serie.

Pam Beesly è un personaggio dolce e simpatico, che inizia come receptionist ma aspira a diventare un'artista. La sua evoluzione professionale e personale è un elemento importante della trama, e la sua relazione con Jim è una delle storie d'amore più amate della televisione.

The Office è nota per il suo umorismo basato sui personaggi e le situazioni quotidiane. La serie esplora temi come la vita lavorativa, l'amicizia, l'amore e la famiglia, con un equilibrio perfetto tra commedia e dramma. Il formato del falso documentario permette un'intimità unica con i personaggi, che spesso rompono la quarta parete per parlare direttamente alla telecamera, offrendo uno sguardo diretto nei loro pensieri e sentimenti.

La serie ha ricevuto numerosi premi, tra cui un Primetime Emmy Award per la Migliore Serie Comica nel 2006. La performance di Steve Carell come Michael Scott è stata particolarmente acclamata, rendendolo uno dei personaggi più iconici della televisione. Anche il resto del cast, inclusi Rainn Wilson, John Krasinski e Jenna Fischer, ha ricevuto ampi consensi per le loro interpretazioni.

The Office ha avuto un impatto significativo sulla cultura popolare, influenzando molte altre serie televisive e diventando un fenomeno di culto. Le sue battute, i suoi personaggi e le sue situazioni sono entrati nel lessico comune, e la serie continua a essere amata e riguardata da milioni di fan in tutto il mondo.

In conclusione, The Office è una delle serie televisive comiche più amate e influenti di tutti i tempi. Con il suo umorismo basato sui personaggi, il suo formato innovativo e le sue storie coinvolgenti, la serie ha lasciato un'impronta indelebile nella storia della televisione e continua a essere apprezzata da generazioni di spettatori.

16. Fargo (Fargo) - 2014

Fargo è una serie televisiva antologica americana creata da Noah Hawley, ispirata all'omonimo film dei fratelli Coen del 1996. Ogni stagione della serie presenta una nuova storia, nuovi personaggi e nuove ambientazioni, pur mantenendo lo stile noir e l'umorismo nero che caratterizzano l'universo di Fargo. La serie ha debuttato nel 2014 su FX e ha ricevuto ampi consensi dalla critica per la sua scrittura, la regia e le performance del cast.

La prima stagione è ambientata nel 2006 in Minnesota e segue le vicende di Lester Nygaard (Martin Freeman), un venditore di assicurazioni che viene coinvolto in una serie di eventi violenti e criminosi dopo un incontro casuale con il misterioso e spietato sicario Lorne Malvo (Billy Bob Thornton). La storia esplora come le azioni di Malvo influenzano la vita di Lester e degli abitanti della piccola città di Bemidji.

La vice sceriffo Molly Solverson (Allison Tolman) e l'ufficiale di polizia Gus Grimly (Colin Hanks) conducono le indagini sui crimini che sconvolgono la città, cercando di collegare i puntini e fermare Malvo. La loro determinazione e il loro senso di giustizia si scontrano con la brutalità e l'astuzia di Malvo, creando una narrazione avvincente e ricca di suspense.

La seconda stagione, ambientata nel 1979, segue la storia di Peggy Blumquist (Kirsten Dunst) e suo marito Ed (Jesse Plemons), che si ritrovano coinvolti in una faida tra famiglie criminali dopo un incidente stradale che coinvolge il figlio di un boss della mafia. La serie esplora le conseguenze dell'incidente e le tensioni crescenti tra le forze dell'ordine locali e le organizzazioni criminali.

La terza stagione, ambientata nel 2010, racconta la storia di due fratelli gemelli, Emmit e Ray Stussy (entrambi interpretati da Ewan McGregor), la cui rivalità porta a una catena di eventi violenti. La stagione esplora temi di gelosia, vendetta e il ruolo del destino nelle vite dei personaggi, mantenendo l'umorismo nero e l'assurdità che caratterizzano l'universo di Fargo.

La quarta stagione, ambientata negli anni '50, si concentra su due gruppi criminali in lotta per il controllo della città di Kansas City, Missouri. La serie continua a esplorare temi di potere, identità e moralità attraverso storie intricate e personaggi complessi.

Fargo è celebre per la sua scrittura brillante, i dialoghi incisivi e le performance straordinarie del cast. Ogni stagione è stata lodata per la sua capacità di bilanciare umorismo e violenza, creando una narrazione che è al contempo inquietante e divertente. La serie è anche nota per la sua cinematografia elegante e la sua colonna sonora evocativa, che contribuiscono a creare un'atmosfera unica e coinvolgente.

La serie ha ricevuto numerosi premi, tra cui Primetime Emmy Awards e Golden Globe, ed è stata acclamata dalla critica come una delle migliori serie televisive degli ultimi anni. L'influenza dei fratelli Coen è evidente nello stile e nel tono della serie, ma Noah Hawley è riuscito a creare qualcosa di originale e distintivo, ampliando l'universo di Fargo in modi nuovi e interessanti.

In conclusione, Fargo è una serie televisiva eccezionale che combina una scrittura intelligente, personaggi memorabili e una narrazione avvincente. Ogni stagione offre una nuova storia con il suo mix unico di umorismo nero, suspense e dramma, rendendo la serie un capolavoro dell'antologia televisiva.

17. True Detective (True Detective) - 2014

True Detective è una serie televisiva antologica americana creata da Nic Pizzolatto, andata in onda per la prima volta nel 2014 su HBO. Ogni stagione della serie presenta una nuova storia con nuovi personaggi e un nuovo cast, ma tutte condividono temi di criminalità, moralità e la natura oscura dell'essere umano. La serie è acclamata per la sua scrittura complessa, la sua cinematografia e le performance eccezionali degli attori.

La prima stagione è ambientata in Louisiana e segue i detective Rust Cohle (Matthew McConaughey) e Martin Hart (Woody Harrelson) mentre indagano su una serie di omicidi ritualistici che si estendono su un periodo di 17 anni. La narrazione è divisa tra flashback degli anni '90, quando avviene l'indagine iniziale, e il presente, dove i detective vengono interrogati separatamente su vecchi casi. La relazione complessa e spesso conflittuale tra Cohle e Hart è al centro della trama, con entrambi i personaggi che affrontano i loro demoni personali mentre cercano di risolvere il caso.

La seconda stagione è ambientata in California e segue una trama più complessa con diversi protagonisti: Ray Velcoro (Colin Farrell), un detective compromesso; Ani Bezzerides (Rachel McAdams), una detective con un passato turbolento; e Paul Woodrugh (Taylor Kitsch), un veterano di guerra diventato poliziotto. Insieme, indagano sull'omicidio di un politico locale, scoprendo una rete di corruzione e crimine organizzato. La stagione esplora temi di redenzione, corruzione e la difficoltà di trovare giustizia in un mondo moralmente ambiguo.

La terza stagione ritorna a una struttura narrativa più lineare e segue i detective Wayne Hays (Mahershala Ali) e Roland West (Stephen Dorff) mentre indagano sulla scomparsa di due bambini in Arkansas nel 1980. La trama si sviluppa su tre linee temporali, mostrando l'indagine iniziale, una riapertura del caso negli anni '90 e un'ulteriore revisione negli anni 2000. La stagione esplora i temi della memoria, della verità e dell'impatto del tempo sulla vita delle persone.

True Detective è celebre per la sua atmosfera oscura e inquietante, la sua scrittura filosofica e le sue performance attoriali di alto livello. La serie utilizza una cinematografia raffinata e una colonna sonora evocativa per creare un senso di tensione e mistero. Le storie sono caratterizzate da un ritmo deliberato e una costruzione narrativa intricata che richiede attenzione e coinvolgimento da parte degli spettatori. La serie ha ricevuto numerosi premi e riconoscimenti, tra cui Primetime Emmy Awards e Golden Globe. La prima stagione, in particolare, è stata acclamata come uno dei migliori esempi di narrazione televisiva, con Matthew McConaughey e Woody Harrelson che hanno ricevuto ampi consensi per le loro interpretazioni.

In conclusione, True Detective è una serie televisiva antologica che offre storie avvincenti e complesse, personaggi profondamente sviluppati e una narrazione cinematografica di alta qualità. Ogni stagione esplora temi oscuri e complessi, offrendo agli spettatori un'esperienza visiva e intellettuale unica. La serie continua a essere celebrata per la sua capacità di elevare il genere crime drama a nuove altezze.

18. The Crown (The Crown) - 2016

The Crown è una serie televisiva storica britannica creata da Peter Morgan, andata in onda per la prima volta nel 2016 su Netflix. La serie racconta la storia del regno della regina Elisabetta II, esplorando gli eventi politici, personali e sociali che hanno caratterizzato la sua lunga reggenza. Con la sua produzione sontuosa, la scrittura raffinata e le interpretazioni di alto livello, The Crown è diventata una delle serie più acclamate e popolari degli ultimi anni.

La serie inizia negli anni '40, poco prima dell'incoronazione di Elisabetta II, e segue la sua ascesa al trono dopo la morte del padre, re Giorgio VI (Jared Harris). Claire Foy interpreta la giovane regina nelle prime due stagioni, offrendo una performance delicata e complessa che cattura le sfide di una giovane donna che deve affrontare le responsabilità del potere e mantenere l'equilibrio tra vita pubblica e privata.

Il marito della regina, il principe Filippo (Matt Smith nelle prime due stagioni, Tobias Menzies nella terza e quarta stagione), è un personaggio centrale nella serie. La sua lotta per trovare un ruolo significativo all'interno della monarchia e il suo rapporto con Elisabetta sono esplorati in profondità, rivelando le dinamiche complesse del loro matrimonio.

La serie affronta anche le relazioni della regina con altre figure importanti della storia britannica, tra cui il primo ministro Winston Churchill (John Lithgow), il primo ministro Harold Wilson (Jason Watkins) e la principessa Margaret (Vanessa Kirby nelle prime due stagioni, Helena Bonham Carter nella terza e quarta stagione). Ogni stagione copre un decennio diverso, esplorando gli eventi storici e le crisi personali che hanno definito il regno di Elisabetta II.

Uno degli aspetti distintivi di The Crown è la sua attenzione ai dettagli storici e alla produzione di alta qualità. La serie utilizza costumi, scenografie e riprese spettacolari per ricreare fedelmente l'epoca storica, offrendo agli spettatori un'esperienza visiva immersiva. La colonna sonora, composta da Hans Zimmer, aggiunge ulteriore profondità emotiva alla narrazione.

La terza e quarta stagione vedono un cambio nel cast principale, con Olivia Colman che assume il ruolo della regina Elisabetta II e Tobias Menzies nel ruolo del principe Filippo. Helena Bonham Carter interpreta la principessa Margaret, e Gillian Anderson si unisce al cast nella quarta stagione come Margaret Thatcher. Questi cambiamenti nel cast sono stati accolti positivamente, con le nuove interpretazioni che aggiungono nuove sfumature ai personaggi.

The Crown è stata acclamata dalla critica per la sua scrittura, la regia e le interpretazioni del cast. La serie ha ricevuto numerosi premi, tra cui Primetime Emmy Awards e Golden Globe, consolidando la sua reputazione come una delle migliori serie televisive storiche.

In conclusione, The Crown è una serie televisiva eccezionale che offre un ritratto avvincente e dettagliato del regno di Elisabetta II. Con la sua produzione di alta qualità, la scrittura raffinata e le performance straordinarie, la serie continua a essere una delle produzioni più apprezzate e influenti degli ultimi anni. The Crown non solo intrattiene, ma educa gli spettatori sulla storia britannica attraverso il prisma della monarchia.

19. Better Call Saul (Better Call Saul) - 2015

Better Call Saul è una serie televisiva drammatica americana creata da Vince Gilligan e Peter Gould, spin-off e prequel della celebre serie Breaking Bad. La serie, andata in onda per la prima volta nel 2015, segue la trasformazione di Jimmy McGill, un avvocato di piccolo calibro, nel personaggio di Saul Goodman, l'avvocato penalista moralmente ambiguo che diventa una figura centrale in Breaking Bad.

Bob Odenkirk interpreta Jimmy McGill, un uomo dal cuore d'oro ma con una propensione per l'imbroglio e le scorciatoie. La serie esplora il passato di Jimmy, mostrando il suo tentativo di costruirsi una carriera legale rispettabile mentre lotta con la sua tendenza a cedere alle tentazioni criminali. La sua evoluzione in Saul Goodman è una delle narrazioni più affascinanti e complesse della serie.

Un altro personaggio centrale è Mike Ehrmantraut (Jonathan Banks), un ex poliziotto diventato sicario e fixer. La serie esplora il suo passato e la sua relazione con il mondo del crimine, mostrando come diventa un collaboratore chiave di Saul Goodman. La storia di Mike aggiunge una dimensione di intensità e profondità alla serie, con la sua lotta personale tra moralità e necessità.

La serie introduce anche nuovi personaggi, come Kim Wexler (Rhea Seehorn), una talentuosa avvocatessa e interesse amoroso di Jimmy. Kim è un personaggio forte e complesso, che cerca di mantenere un equilibrio tra la sua carriera professionale e il suo rapporto con Jimmy. La loro relazione è uno degli aspetti più coinvolgenti della serie, mostrando le tensioni e le dinamiche tra due persone che cercano di conciliare i loro sogni e le loro ambizioni.

Better Call Saul è rinomata per la sua scrittura sofisticata, la sua costruzione lenta e deliberata della trama e le sue performance attoriali di alto livello. La serie utilizza una narrazione visiva elegante e dettagliata, con una cinematografia che spesso richiama l'estetica di Breaking Bad ma sviluppa uno stile proprio distintivo.

Uno degli aspetti più interessanti della serie è come riesce a collegarsi a Breaking Bad pur mantenendo una propria identità. I fan della serie originale apprezzeranno i numerosi riferimenti e cameo, ma Better Call Saul è abbastanza forte da reggersi da sola, offrendo una narrazione ricca e complessa che esplora temi di identità, moralità e ambizione. La serie ha ricevuto ampi consensi dalla critica, con elogi particolari per le performance di Bob Odenkirk e Jonathan Banks, nonché per la scrittura e la regia. Better Call Saul ha ricevuto numerose nomination ai Primetime Emmy Awards, consolidando la sua reputazione come una delle migliori serie televisive contemporanee.

In conclusione, Better Call Saul è una serie televisiva straordinaria che espande e arricchisce l'universo di Breaking Bad. Con la sua scrittura intelligente, i suoi personaggi complessi e la sua narrazione visivamente affascinante, la serie offre un'esperienza avvincente e emotivamente coinvolgente. Better Call Saul non è solo un prequel, ma una storia potente e indipendente che esplora la trasformazione di un uomo ordinario in un avvocato straordinario.

20. House of Cards (House of Cards) - 2013

House of Cards è una serie televisiva drammatica americana creata da Beau Willimon, basata sull'omonimo romanzo di Michael Dobbs e sull'adattamento televisivo britannico del 1990. La serie, andata in onda per la prima volta nel 2013 su Netflix, ha segnato un punto di svolta nella produzione di contenuti originali per la piattaforma di streaming. House of Cards è acclamata per la sua rappresentazione intensa e senza scrupoli del mondo politico di Washington D.C.

La serie segue la storia di Frank Underwood (Kevin Spacey), un politico ambizioso e spietato che, insieme alla moglie Claire (Robin Wright), è disposto a fare qualsiasi cosa per ottenere e mantenere il potere. Frank è un membro del Congresso con una sete insaziabile di controllo e un'incredibile abilità nel manipolare le persone e le situazioni a suo favore.

Frank Underwood è un personaggio complesso e affascinante, noto per la sua capacità di rompere la quarta parete e parlare direttamente agli spettatori, offrendo loro una visione interna dei suoi pensieri e delle sue macchinazioni. Questa tecnica narrativa permette di creare un legame unico tra il personaggio e il pubblico, rendendo Frank una figura carismatica e inquietante al tempo stesso.

Claire Underwood, interpretata da Robin Wright, è altrettanto ambiziosa e determinata. La sua relazione con Frank è una delle dinamiche più intriganti della serie, con entrambi i personaggi che formano una coppia potente e calcolatrice. Claire è una figura forte e indipendente, e la sua evoluzione nel corso della serie è una delle trame principali, culminando nel suo ruolo di presidente degli Stati Uniti.

La serie esplora temi di potere, corruzione, moralità e le dinamiche complesse della politica americana. Attraverso intrighi, tradimenti e manipolazioni, House of Cards offre uno sguardo cinico e realistico sul mondo della politica, dove l'etica è spesso sacrificata sull'altare dell'ambizione.

House of Cards è rinomata per la sua scrittura acuta, le performance intense del cast e la sua regia sofisticata. Kevin Spacey e Robin Wright hanno ricevuto ampi consensi per le loro interpretazioni, vincendo numerosi premi tra cui Golden Globe e Primetime Emmy Awards. La serie ha anche ricevuto elogi per la sua capacità di mantenere alta la tensione e l'intrigo politico attraverso tutte le sue stagioni.

Tuttavia, la serie ha anche affrontato controversie, in particolare con l'accusa di molestie sessuali contro Kevin Spacey, che hanno portato alla sua rimozione dalla serie e alla focalizzazione della trama su Claire Underwood nelle stagioni finali. Nonostante queste difficoltà, House of Cards è riuscita a concludere la sua storia con Claire che assume il ruolo principale, offrendo una chiusura alla narrazione.

In conclusione, House of Cards è una serie televisiva che ha ridefinito il genere del dramma politico, offrendo una visione affascinante e inquietante del potere e della corruzione. Con la sua scrittura sofisticata, le performance potenti e la sua narrazione avvincente, la serie rimane una delle produzioni più influenti e acclamate dell'era dello streaming.

21. Westworld - Dove tutto è concesso (Westworld) - 2016

Westworld è una serie televisiva di fantascienza e thriller creata da Jonathan Nolan e Lisa Joy, basata sull'omonimo film del 1973 scritto e diretto da Michael Crichton. La serie è stata trasmessa per la prima volta su HBO nel 2016 e ha ottenuto ampi consensi per la sua complessa narrazione, la sua cinematografia e le sue tematiche filosofiche.

La trama di Westworld è ambientata in un parco a tema futuristico popolato da androidi chiamati "host," che sono programmati per soddisfare ogni desiderio dei visitatori umani, chiamati "guest." Il parco è progettato per assomigliare al selvaggio West americano, e gli ospiti possono vivere avventure e interazioni senza alcuna conseguenza reale, poiché i robot non possono ferire gli esseri umani.

La serie esplora temi di coscienza, libero arbitrio e la natura della realtà attraverso i personaggi degli host e dei guest. Uno dei personaggi principali è Dolores Abernathy (Evan Rachel Wood), una giovane donna che inizia a sviluppare una coscienza e a mettere in discussione la sua esistenza programmata. La sua evoluzione da un'innocente ragazza di campagna a una figura rivoluzionaria è una delle trame centrali della serie.

Bernard Lowe (Jeffrey Wright) è un altro personaggio chiave, un programmatore del parco che scopre verità sconvolgenti sulla sua identità e sul vero scopo del parco. La sua relazione con Dolores e gli altri host è complessa e ricca di colpi di scena.

Il Dottor Robert Ford (Anthony Hopkins), il visionario co-creatore del parco, è una figura enigmatica che gioca un ruolo fondamentale nella trama. Ford è un personaggio affascinante e ambiguo, la cui visione del futuro e del ruolo degli host nel mondo reale sfida le nozioni di moralità e controllo.

Man in Black (Ed Harris) è un ospite veterano del parco con motivazioni oscure e un passato misterioso. La sua ricerca della verità dietro Westworld e la sua interazione con Dolores e altri host aggiungono un ulteriore livello di profondità e tensione alla serie.

Westworld è nota per la sua narrazione intricata e multilivello, che spesso spazia tra diverse linee temporali e prospettive. La serie utilizza colpi di scena e rivelazioni sorprendenti per mantenere alta l'attenzione degli spettatori e per esplorare temi filosofici complessi.

La produzione di Westworld è di altissima qualità, con una cinematografia straordinaria, scenografie dettagliate e una colonna sonora evocativa composta da Ramin Djawadi. La serie è stata lodata per la sua capacità di creare un mondo immersivo e visivamente impressionante che riflette le tematiche profonde e provocatorie della trama.

Westworld ha ricevuto numerosi premi e riconoscimenti, tra cui Primetime Emmy Awards, e ha consolidato la sua posizione come una delle serie più innovative e ambiziose della televisione moderna. La serie continua a esplorare nuove direzioni narrative e a sfidare le aspettative degli spettatori con ogni nuova stagione.

In conclusione, Westworld - Dove tutto è concesso è una serie televisiva affascinante e stimolante che combina fantascienza, thriller e filosofia in un modo unico e coinvolgente. Con i suoi personaggi complessi, la sua narrazione intricata e la sua produzione di alta qualità, la serie rimane una delle esperienze televisive più avvincenti e provocatorie degli ultimi anni.

22. Dexter (Dexter) - 2006

Dexter è una serie televisiva drammatica americana creata da James Manos Jr., basata sul romanzo "La mano sinistra di Dio" di Jeff Lindsay. La serie, andata in onda su Showtime dal 2006 al 2013, segue le vicende di Dexter Morgan, un analista forense specializzato in schizzi di sangue per il Dipartimento di Polizia di Miami, che conduce una doppia vita come serial killer di criminali.

Michael C. Hall interpreta Dexter Morgan, un personaggio complesso e affascinante. Dexter è un uomo tormentato, spinto da un insaziabile bisogno di uccidere, ma che ha canalizzato questa necessità in un codice etico insegnatogli dal padre adottivo, Harry Morgan (James Remar). Questo codice gli impone di uccidere solo criminali che sono sfuggiti alla giustizia, rendendolo un giustiziere oscuro.

Dexter è un esperto nel suo campo, utilizzando le sue abilità forensi per coprire le sue tracce e sfuggire alla cattura. La sua doppia vita è resa ancora più complicata dalle sue relazioni personali, in particolare con sua sorella Debra Morgan (Jennifer Carpenter), una detective della polizia di Miami, e Rita Bennett (Julie Benz), la sua fidanzata e poi moglie.

La serie esplora le sfide morali e psicologiche che Dexter affronta mentre cerca di mantenere il suo segreto e condurre una vita apparentemente normale. Ogni stagione introduce nuovi antagonisti e complessità, mettendo alla prova il codice di Dexter e la sua capacità di controllare i suoi impulsi.

Uno degli aspetti distintivi di Dexter è il suo tono narrativo, caratterizzato da un umorismo nero e un'esplorazione profonda della psiche del protagonista. La voce fuori campo di Dexter, che offre un commento interiore sulle sue azioni e sui suoi pensieri, aggiunge una dimensione unica alla serie, permettendo agli spettatori di entrare nella mente del personaggio.

La serie è nota anche per i suoi colpi di scena e le sue trame intricate, che mantengono alta la tensione e l'interesse degli spettatori. Ogni stagione presenta un nuovo "big bad," un antagonista principale che sfida Dexter e mette alla prova le sue abilità e il suo codice morale.

Dexter ha ricevuto numerosi premi e riconoscimenti, tra cui diversi Primetime Emmy Awards e un Golden Globe per la performance di Michael C. Hall. La serie è stata acclamata per la sua narrazione avvincente, le performance attoriali e la sua capacità di esplorare temi complessi come la moralità, l'identità e la giustizia.

Nonostante alcune critiche alle ultime stagioni, Dexter è rimasta una delle serie televisive più influenti e apprezzate del suo tempo. La serie ha avuto un impatto significativo sulla cultura popolare e ha generato una vasta base di fan.

In conclusione, Dexter è una serie televisiva avvincente e provocatoria che offre un'esplorazione unica e affascinante della mente di un serial killer. Con la sua narrazione complessa, i personaggi ben sviluppati e la sua capacità di mantenere alta la tensione e l'intrigo, la serie continua a essere celebrata come una delle migliori produzioni televisive degli ultimi decenni.

23. Band of Brothers - Fratelli al fronte (Band of Brothers) - 2001

Band of Brothers - Fratelli al fronte è una miniserie televisiva americana prodotta da Steven Spielberg e Tom Hanks, basata sul libro omonimo di Stephen E. Ambrose. La serie, andata in onda su HBO nel 2001, racconta la storia della Compagnia Easy, un'unità paracadutista dell'Esercito degli Stati Uniti, dalla loro formazione durante la Seconda Guerra Mondiale fino alla fine del conflitto.

La serie è composta da dieci episodi, ciascuno dei quali si concentra su diversi membri della Compagnia Easy e sugli eventi chiave della guerra che hanno vissuto. La narrazione segue un ordine cronologico, iniziando con l'addestramento dei soldati a Camp Toccoa, Georgia, e proseguendo con le loro esperienze durante l'invasione della Normandia, l'Operazione Market Garden, la Battaglia delle Ardenne e la liberazione del campo di concentramento di Kaufering.

Uno dei protagonisti principali è il tenente Richard Winters (Damian Lewis), un leader carismatico e strategico che diventa una figura centrale nella serie. Winters è rispettato dai suoi uomini per la sua competenza e il suo coraggio, e la sua leadership è un elemento chiave del successo della Compagnia Easy.

Il sergente Carwood Lipton (Donnie Wahlberg), il caporale Joseph Toye (Kirk Acevedo), il tenente Lewis Nixon (Ron Livingston) e il soldato semplice Eugene "Doc" Roe (Shane Taylor) sono alcuni degli altri membri della Compagnia Easy che la serie segue in dettaglio, offrendo uno sguardo sulle loro esperienze personali e sulle sfide che affrontano.

Band of Brothers è rinomata per la sua rappresentazione realistica e accurata della guerra, grazie a una meticolosa attenzione ai dettagli storici e a una produzione di alta qualità. Le scene di combattimento sono intense e visceralmente realistiche, mettendo in evidenza il coraggio e il sacrificio dei soldati, così come l'orrore e la brutalità della guerra.

La serie esplora anche i legami di fratellanza e cameratismo che si formano tra i soldati, mostrando come le esperienze condivise in guerra creino legami profondi e duraturi. Le interviste con i veri veterani della Compagnia Easy, che aprono e chiudono ogni episodio, aggiungono un ulteriore livello di autenticità e emotività alla narrazione.

Band of Brothers ha ricevuto numerosi premi e riconoscimenti, tra cui un Golden Globe per la Miglior Miniserie o Film per la Televisione e diversi Primetime Emmy Awards. La serie è stata acclamata dalla critica per la sua narrazione avvincente, le performance eccellenti del cast e la sua rappresentazione storica accurata.

In conclusione, Band of Brothers - Fratelli al fronte è una miniserie televisiva straordinaria che offre un ritratto potente e realistico della Seconda Guerra Mondiale. Con la sua produzione di alta qualità, la sua narrazione coinvolgente e il suo focus sui legami umani, la serie continua a essere celebrata come una delle migliori rappresentazioni della guerra mai realizzate.

24. The Mandalorian (The Mandalorian) - 2019

The Mandalorian è una serie televisiva di fantascienza creata da Jon Favreau, ambientata nell'universo di Star Wars. La serie, andata in onda per la prima volta su Disney+ nel 2019, segue le avventure di un cacciatore di taglie mandaloriano solitario noto semplicemente come "Il Mandaloriano," o "Mando," interpretato da Pedro Pascal.

La trama di The Mandalorian si svolge dopo la caduta dell'Impero e prima dell'ascesa del Primo Ordine, un periodo di transizione e instabilità nella galassia. Mando, un cacciatore di taglie appartenente all'antico ordine dei Mandaloriani, viene incaricato di recuperare un obiettivo speciale che si rivela essere un misterioso bambino della stessa specie del Maestro Jedi Yoda, noto affettuosamente come "Baby Yoda" o "Il Bambino" (Grogu).

Nonostante il suo lavoro di cacciatore di taglie, Mando sviluppa un legame affettivo con il Bambino e decide di proteggerlo dai numerosi cacciatori di taglie e dalle forze imperiali che lo cercano. Questo porta Mando a intraprendere un viaggio attraverso la galassia, incontrando vari personaggi e affrontando numerose sfide mentre cerca di trovare un luogo sicuro per il Bambino.

La serie è nota per la sua qualità cinematografica e il suo stile narrativo che richiama i western e i film samurai. Ogni episodio è una sorta di avventura autonoma, con Mando che affronta nuove missioni e pericoli, ma c'è anche una trama più ampia che si sviluppa man mano che la serie progredisce.

The Mandalorian è acclamata per la sua narrazione avvincente, i personaggi ben sviluppati e la sua fedeltà all'universo di Star Wars. La performance di Pedro Pascal come Mando, nonostante indossi sempre un casco, è stata lodata per la sua capacità di trasmettere emozioni e profondità attraverso la sua voce e il linguaggio del corpo.

Il personaggio di Grogu è diventato rapidamente un fenomeno culturale, amato dai fan di tutte le età per il suo aspetto adorabile e le sue misteriose abilità della Forza. La dinamica tra Mando e Grogu è al centro della serie e aggiunge un elemento di tenerezza e umanità alle avventure spesso intense e pericolose.

La serie presenta anche un cast di supporto stellare, tra cui Gina Carano come Cara Dune, un'ex soldato ribelle, Carl Weathers come Greef Karga, un ex alleato di Mando, e Giancarlo Esposito come Moff Gideon, un ex ufficiale imperiale determinato a catturare Grogu.

The Mandalorian ha ricevuto numerosi premi e riconoscimenti, tra cui Primetime Emmy Awards, ed è stata acclamata dalla critica per la sua capacità di espandere l'universo di Star Wars in modi nuovi e interessanti. La serie ha anche aperto la strada a nuovi progetti spin-off, contribuendo a consolidare la piattaforma Disney+ come una forza dominante nel settore dello streaming.

In conclusione, The Mandalorian è una serie televisiva straordinaria che combina elementi di fantascienza, western e avventura in un modo unico e coinvolgente. Con la sua narrazione avvincente, i personaggi memorabili e la sua qualità cinematografica, la serie continua a essere un punto di riferimento per i fan di Star Wars e per gli amanti della televisione di alta qualità.

25. Buffy l'ammazzavampiri (Buffy the Vampire Slayer) - 1997

Buffy l'ammazzavampiri (Buffy the Vampire Slayer) è una serie televisiva drammatica e fantasy americana creata da Joss Whedon. La serie è andata in onda dal 1997 al 2003 e segue le vicende di Buffy Summers, una giovane donna scelta come Cacciatrice, destinata a combattere le forze del male come vampiri, demoni e altre creature soprannaturali.

Buffy Summers, interpretata da Sarah Michelle Gellar, è una teenager apparentemente normale che scopre di essere la "Cacciatrice," l'ultima in una lunga linea di giovani donne dotate di forza sovrumana e abilità di combattimento per proteggere il mondo dalle forze oscure. Buffy si trasferisce a Sunnydale, una cittadina situata sopra la "Bocca dell'Inferno," una fonte di energia demoniaca che attira attività soprannaturali.

Buffy deve bilanciare le sue responsabilità di Cacciatrice con la vita quotidiana di un'adolescente, inclusi gli studi, le amicizie e le relazioni sentimentali. Al suo fianco ci sono il suo Osservatore, Rupert Giles (Anthony Head), un mentore che la guida e la allena nella sua missione, e i suoi amici Willow Rosenberg (Alyson Hannigan) e Xander Harris (Nicholas Brendon), che formano la "Scooby Gang" e la aiutano nelle sue avventure.

La serie esplora una vasta gamma di temi, dall'adolescenza e l'identità al sacrificio e la responsabilità. Ogni episodio combina elementi di horror, dramma e commedia, utilizzando i mostri e le minacce soprannaturali come metafore per i problemi della vita reale che Buffy e i suoi amici affrontano.

Buffy l'ammazzavampiri è acclamata per la sua scrittura intelligente, i suoi personaggi ben sviluppati e la sua capacità di mescolare generi diversi in modo innovativo. La serie è nota anche per la sua rappresentazione progressista, inclusi personaggi LGBTQ+ e temi femministi.

Uno degli archi narrativi più significativi della serie è la trasformazione di Willow da timida nerd a potente strega, culminando in una trama che esplora le conseguenze dell'abuso di potere. Anche la relazione tra Buffy e Angel (David Boreanaz), un vampiro con un'anima, è centrale nella serie, affrontando temi di amore impossibile e redenzione.

Buffy l'ammazzavampiri ha ricevuto numerosi premi e riconoscimenti, diventando un fenomeno culturale e influenzando molte serie televisive successive. La serie ha generato un vasto fandom, spin-off, fumetti e romanzi, e ha consolidato Joss Whedon come uno dei creatori più innovativi e influenti della televisione.

In conclusione, Buffy l'ammazzavampiri è una serie televisiva iconica che ha ridefinito il genere fantasy e horror in televisione. Con la sua narrazione avvincente, i suoi personaggi complessi e la sua capacità di affrontare temi universali attraverso una lente soprannaturale, la serie continua a essere celebrata e amata da generazioni di fan.

26. Chernobyl (Chernobyl) - 2019

Chernobyl è una miniserie televisiva drammatica creata da Craig Mazin e trasmessa su HBO nel 2019. La serie racconta la storia del disastro nucleare di Chernobyl del 1986, esplorando le cause, le conseguenze e gli sforzi eroici di coloro che hanno cercato di mitigare l'impatto del disastro. La miniserie è acclamata per la sua rappresentazione realistica e avvincente di uno degli eventi più catastrofici del 20° secolo.

La trama inizia con l'esplosione del reattore 4 della centrale nucleare di Chernobyl, situata vicino alla città di Pripyat, in Ucraina. La serie segue la risposta immediata al disastro, con particolare attenzione alle figure chiave coinvolte nella gestione della crisi e nella successiva indagine.

Valery Legasov (Jared Harris), un eminente chimico e membro dell'Accademia delle Scienze dell'URSS, è incaricato di indagare sulle cause dell'esplosione e di consigliare il governo sovietico su come contenere il disastro. La sua lotta per far emergere la verità sulle cause dell'esplosione e la sua battaglia contro la burocrazia sovietica sono elementi centrali della narrazione.

Boris Shcherbina (Stellan Skarsgård), un alto funzionario del governo sovietico, è inizialmente scettico riguardo alla gravità del disastro, ma alla fine si rende conto della portata della crisi e lavora insieme a Legasov per affrontare le sfide poste dalla contaminazione nucleare.

Ulana Khomyuk (Emily Watson), un personaggio fittizio basato su diversi scienziati che hanno contribuito all'indagine, rappresenta la comunità scientifica che ha lottato per comprendere e mitigare gli effetti del disastro. La sua determinazione nel cercare la verità e nel proteggere la popolazione dalla radiazione è un altro aspetto cruciale della storia.

La serie esplora anche le storie degli abitanti di Pripyat, i lavoratori della centrale nucleare e i primi soccorritori che hanno rischiato e spesso perso la vita per contenere l'incendio e prevenire una catastrofe ancora maggiore. Le loro esperienze umane e i sacrifici fatti sono rappresentati con grande empatia e realismo.

Chernobyl è lodata per la sua attenzione ai dettagli storici, la sua scrittura potente e le performance straordinarie del cast. La serie non solo ricostruisce accuratamente gli eventi del disastro, ma esplora anche i temi della verità, della responsabilità e delle conseguenze della disinformazione e della negazione della realtà.

La cinematografia e la colonna sonora della serie contribuiscono a creare un'atmosfera tesa e inquietante, catturando l'orrore e la desolazione dell'evento. La serie ha ricevuto numerosi premi, tra cui 10 Primetime Emmy Awards, ed è considerata una delle migliori produzioni televisive degli ultimi anni.

In conclusione, Chernobyl è una miniserie televisiva eccezionale che offre un ritratto avvincente e tragico del disastro nucleare di Chernobyl. Con la sua narrazione potente, le sue performance straordinarie e la sua rappresentazione realistica degli eventi, la serie continua a essere celebrata come una delle migliori rappresentazioni televisive di un evento storico catastrofico.

27. I Griffin (Family Guy) - 1999

I Griffin (Family Guy) è una serie televisiva animata comica creata da Seth MacFarlane, andata in onda per la prima volta nel 1999 su Fox. La serie segue le avventure della disfunzionale famiglia Griffin nella città fittizia di Quahog, Rhode Island. Con il suo umorismo irriverente e spesso provocatorio, Family Guy è diventata una delle serie animate più popolari e longeve della televisione.

La famiglia Griffin è composta da Peter Griffin, il capofamiglia infantile e spesso irresponsabile; sua moglie Lois, una casalinga di buona famiglia; e i loro tre figli: Meg, una teenager sfortunata e spesso trascurata; Chris, un adolescente goffo e ingenuo; e Stewie, un neonato geniale con aspirazioni di dominazione mondiale. Completano il quadro familiare il cane parlante Brian, che funge da voce della ragione e spesso accompagna Stewie nelle sue avventure.

Peter Griffin, doppiato dallo stesso Seth MacFarlane, è il cuore comico della serie. Le sue buffonate e la sua mancanza di buonsenso sono fonte di molte delle situazioni comiche. Nonostante i suoi difetti, Peter è devoto alla sua famiglia e cerca sempre di fare la cosa giusta, anche se spesso fallisce miseramente.

Lois Griffin, doppiata da Alex Borstein, è la moglie di Peter e la figura più sensata della famiglia. Tuttavia, anche lei ha i suoi momenti di debolezza e bizzarrie. Il suo background come ereditiera della ricca famiglia Pewterschmidt aggiunge ulteriori strati di complessità al suo personaggio.

Stewie Griffin, doppiato da Seth MacFarlane, è uno dei personaggi più iconici della serie. Nonostante la sua età, Stewie è un genio malvagio con un vocabolario sofisticato e un piano costante per conquistare il mondo. La sua relazione con Brian, il cane della famiglia, è una delle dinamiche più interessanti e divertenti della serie.

Brian, doppiato anch'esso da MacFarlane, è il cane parlante e intellettuale della famiglia. Spesso funge da contrasto alla follia della famiglia Griffin, e la sua amicizia con Stewie è caratterizzata da un mix di avventure assurde e dialoghi filosofici.

Family Guy è famosa per il suo stile di umorismo basato su sketch, flashback e gag ricorrenti. La serie non esita a fare satira su una vasta gamma di argomenti, dalla politica alla cultura pop, spesso spingendosi oltre i limiti del politically correct. Questo approccio ha attirato sia elogi che critiche, rendendo la serie un punto di discussione costante.

Nonostante le controversie, Family Guy ha ricevuto numerosi premi, tra cui diversi Primetime Emmy Awards, ed è rimasta una delle serie animate più influenti e popolari della televisione. La serie ha generato spin-off, merchandise e un vasto fandom.

In conclusione, I Griffin è una serie animata iconica che ha saputo mescolare umorismo irriverente e satira sociale in un modo unico e provocatorio. Con i suoi personaggi memorabili, le sue gag esilaranti e la sua volontà di affrontare temi controversi, la serie continua a essere un pilastro della televisione animata e un punto di riferimento per l'umorismo moderno.

28. The Walking Dead (The Walking Dead) - 2010

The Walking Dead è una serie televisiva horror post-apocalittica creata da Frank Darabont, basata sull'omonima serie di fumetti scritta da Robert Kirkman, Tony Moore e Charlie Adlard. La serie è andata in onda per la prima volta su AMC nel 2010 e segue un gruppo di sopravvissuti in un mondo devastato da un'apocalisse zombie.

Il protagonista iniziale della serie è Rick Grimes (Andrew Lincoln), un vice sceriffo che si risveglia dal coma in un mondo infestato da zombie, chiamati "walker" nella serie. Rick diventa il leader di un gruppo di sopravvissuti e guida la loro lotta per la sopravvivenza contro non solo gli zombie, ma anche altri esseri umani ostili e spietati.

La serie esplora temi di sopravvivenza, moralità e la natura umana di fronte alla crisi. Ogni stagione introduce nuovi personaggi e nuove sfide, mostrando come i sopravvissuti si adattino e lottino per mantenere la loro umanità in un mondo caotico e pericoloso.

Tra i personaggi chiave della serie ci sono Lori Grimes (Sarah Wayne Callies), la moglie di Rick; Carl Grimes (Chandler Riggs), il loro figlio; Shane Walsh (Jon Bernthal), il migliore amico di Rick e un personaggio complesso con una morale ambigua; e Daryl Dixon (Norman Reedus), un abile cacciatore e combattente che diventa uno dei membri più fidati del gruppo.

Uno degli aspetti distintivi di The Walking Dead è la sua capacità di combinare azione e horror con un dramma umano intenso. La serie non esita a mostrare la brutalità del nuovo mondo e le difficili scelte morali che i personaggi devono affrontare. Questo approccio ha reso la serie avvincente e spesso emotivamente devastante per gli spettatori.

La serie ha ricevuto numerosi premi e riconoscimenti, diventando una delle serie più popolari e influenti del suo tempo. La sua capacità di mantenere alta la tensione e di sviluppare personaggi complessi e ben delineati ha contribuito al suo successo duraturo.

The Walking Dead ha anche generato diversi spin-off, tra cui Fear the Walking Dead e The Walking Dead: World Beyond, espandendo ulteriormente l'universo narrativo creato dai fumetti originali.

In conclusione, The Walking Dead è una serie televisiva che ha saputo mescolare horror, azione e dramma in modo unico e avvincente. Con i suoi personaggi memorabili, le sue trame intense e la sua esplorazione dei temi della sopravvivenza e della moralità, la serie continua a essere un punto di riferimento nel genere horror post-apocalittico e una delle produzioni televisive più influenti degli ultimi anni.

29. Rick and Morty (Rick and Morty) - 2013

Rick and Morty è una serie televisiva animata di fantascienza e commedia creata da Justin Roiland e Dan Harmon, andata in onda per la prima volta su Adult Swim nel 2013. La serie segue le avventure surreali e spesso assurde dello scienziato pazzo Rick Sanchez e di suo nipote timido e influenzabile, Morty Smith.

Rick Sanchez, doppiato da Justin Roiland, è un geniale ma alcolizzato scienziato che trascina Morty in una serie di avventure interdimensionali pericolose e spesso moralmente discutibili. Rick è cinico e disilluso, con una visione nichilista dell'universo che contrasta con la curiosità e l'innocenza di Morty.

Morty Smith, anch'esso doppiato da Justin Roiland, è un adolescente insicuro che cerca di navigare le difficoltà della scuola superiore mentre è costantemente trascinato nelle folli avventure di suo nonno. Morty rappresenta il contrappunto morale a Rick, spesso mettendo in discussione le azioni e le decisioni del nonno.

La serie è nota per la sua combinazione di umorismo oscuro, satira sociale e temi filosofici profondi. Ogni episodio esplora concetti scientifici e fantastici attraverso una lente comica, affrontando temi come la moralità, l'esistenza, la famiglia e la natura dell'universo.

Rick and Morty è acclamata per la sua scrittura intelligente, la sua narrazione inventiva e la capacità di bilanciare l'umorismo assurdo con momenti di introspezione e profondità emotiva. La serie utilizza un'animazione vivace e uno stile visivo distintivo per creare mondi e creature bizzarri che arricchiscono l'esperienza visiva.

I personaggi secondari, come la madre di Morty, Beth Smith (Sarah Chalke), il padre Jerry Smith (Chris Parnell) e la sorella Summer Smith (Spencer Grammer), aggiungono ulteriori strati di complessità e umorismo alla serie. Le dinamiche familiari sono spesso al centro delle trame, esplorando le relazioni e le tensioni all'interno della famiglia Smith.

Rick and Morty ha ricevuto numerosi premi e riconoscimenti, diventando una delle serie animate più influenti e popolari del suo tempo. La serie ha generato un vasto fandom e ha influenzato la cultura popolare con i suoi concetti unici e le sue citazioni memorabili.

In conclusione, Rick and Morty è una serie animata innovativa che combina fantascienza, commedia e filosofia in un modo unico e avvincente. Con i suoi personaggi complessi, la sua narrazione inventiva e il suo umorismo oscuro, la serie continua a essere celebrata come una delle produzioni più originali e influenti degli ultimi anni.

30. West Wing - Tutti gli uomini del Presidente (The West Wing) - 1999

West Wing - Tutti gli uomini del Presidente (The West Wing) è una serie televisiva drammatica americana creata da Aaron Sorkin, andata in onda per la prima volta nel 1999 su NBC. La serie offre uno sguardo dietro le quinte alla vita e al lavoro degli assistenti del presidente degli Stati Uniti, ambientata nell'ala ovest della Casa Bianca.

La serie è nota per la sua scrittura brillante e i suoi dialoghi incisivi, caratteristiche distintive di Aaron Sorkin. La narrazione si concentra sulle sfide politiche e personali affrontate dal presidente Josiah "Jed" Bartlet (Martin Sheen) e dal suo staff, composto da personaggi dedicati e appassionati.

Jed Bartlet è un presidente intellettuale e carismatico, il cui idealismo e integrità sono messi alla prova dalle complesse realtà della politica. La sua leadership è un punto centrale della serie, e Martin Sheen offre una performance magistrale che ha definito il personaggio come uno dei presidenti fittizi più amati della televisione.

Tra i membri dello staff del presidente ci sono Leo McGarry (John Spencer), il capo dello staff della Casa Bianca; C.J. Cregg (Allison Janney), la portavoce della Casa Bianca; Josh Lyman (Bradley Whitford), il vice capo dello staff; Toby Ziegler (Richard Schiff), il direttore delle comunicazioni; e Sam Seaborn (Rob Lowe), il vice direttore delle comunicazioni. Ogni personaggio porta una prospettiva unica e contribuisce alla dinamica complessa e affiatata del team.

La serie esplora una vasta gamma di temi, dalla politica interna ed estera ai diritti civili, all'etica e alla moralità nel governo. Ogni episodio affronta problemi contemporanei e dilemmi morali, offrendo una visione idealizzata ma realistica del funzionamento del governo degli Stati Uniti.

The West Wing è rinomata per i suoi "walk and talk," scene dinamiche in cui i personaggi discutono di politica e strategia mentre camminano per i corridoi della Casa Bianca. Questo stile di narrazione aggiunge un senso di movimento e urgenza alla serie, riflettendo la natura frenetica e impegnativa della vita politica.

La serie ha ricevuto numerosi premi e riconoscimenti, tra cui diversi Primetime Emmy Awards. La scrittura di Aaron Sorkin, le performance del cast e la capacità della serie di affrontare temi complessi in modo accessibile e coinvolgente sono stati ampiamente elogiati.

In conclusione, West Wing - Tutti gli uomini del Presidente è una serie televisiva eccezionale che offre uno sguardo affascinante e approfondito sul mondo della politica americana. Con la sua scrittura brillante, i suoi personaggi memorabili e la sua narrazione avvincente, la serie continua a essere celebrata come una delle migliori produzioni televisive drammatiche di tutti i tempi.

31. Supernatural (Supernatural) - 2005

Supernatural è una serie televisiva americana di genere horror e fantasy creata da Eric Kripke, andata in onda per la prima volta nel 2005 su The WB, poi su The CW. La serie segue le avventure dei fratelli Sam (Jared Padalecki) e Dean Winchester (Jensen Ackles), che viaggiano attraverso gli Stati Uniti cacciando demoni, fantasmi, mostri e altre creature soprannaturali.

La trama di Supernatural inizia con i fratelli Winchester che cercano il padre scomparso, John Winchester (Jeffrey Dean Morgan), un cacciatore di creature soprannaturali. Durante il loro viaggio, i fratelli affrontano numerosi pericoli e si confrontano con il loro passato tragico, inclusa la morte della madre, Mary Winchester (Samantha Smith), uccisa da un demone quando Sam era un neonato.

La serie esplora temi di famiglia, destino e il conflitto tra il bene e il male. Sam e Dean sono personaggi complessi con personalità e visioni del mondo diverse. Sam è più riflessivo e desidera una vita normale, mentre Dean è più impulsivo e devoto alla vita di cacciatore. Nonostante le loro differenze, i fratelli condividono un legame profondo e un impegno incrollabile a proteggere l'umanità dalle forze oscure.

Nel corso delle stagioni, la serie introduce una vasta gamma di personaggi, tra cui l'angelo Castiel (Misha Collins), che diventa un alleato fidato dei fratelli, e Crowley (Mark Sheppard), il re dell'Inferno, che ha una relazione complicata con i Winchester. La serie esplora anche leggende e miti di diverse culture, arricchendo la sua mitologia con elementi unici e originali.

Supernatural è nota per il suo equilibrio tra horror, dramma e umorismo. Gli episodi variano dal tragico e intenso al leggero e comico, mantenendo sempre un tono avvincente e coinvolgente. La serie utilizza effetti speciali e trucco per creare creature soprannaturali e scene di combattimento che aggiungono tensione e spettacolarità alla narrazione.

La colonna sonora di Supernatural, ricca di classici rock, è un elemento distintivo della serie e riflette la personalità di Dean Winchester. Canzoni come "Carry On Wayward Son" dei Kansas sono diventate iconiche tra i fan della serie.

Supernatural ha ricevuto numerosi premi e riconoscimenti nel corso della sua lunga messa in onda, che si è conclusa nel 2020 dopo 15 stagioni. La serie ha sviluppato un vasto e devoto fandom, con fan che partecipano attivamente a convention, discutono teorie e creano contenuti fan-made.

In conclusione, Supernatural è una serie televisiva che ha saputo mescolare horror, dramma e umorismo in un modo unico e avvincente. Con i suoi personaggi memorabili, la sua narrazione coinvolgente e la sua mitologia ricca e complessa, la serie continua a essere celebrata come una delle migliori produzioni nel genere del fantasy e horror.

32. Orange Is the New Black (Orange Is the New Black) - 2013

Orange Is the New Black è una serie televisiva drammatica americana creata da Jenji Kohan, basata sull'autobiografia di Piper Kerman "Orange Is the New Black: My Year in a Women's Prison". La serie è andata in onda su Netflix dal 2013 al 2019 e ha ottenuto ampi consensi per la sua rappresentazione delle vite delle donne in prigione e la sua capacità di affrontare temi sociali complessi.

La trama segue Piper Chapman (Taylor Schilling), una donna della classe media condannata a quindici mesi di prigione per un reato commesso dieci anni prima: il trasporto di una valigia di denaro proveniente dal traffico di droga per conto della sua allora fidanzata Alex Vause (Laura Prepon). La serie inizia con Piper che si adatta alla vita nel carcere femminile di Litchfield e esplora le dinamiche tra le detenute e il personale del carcere.

Uno degli aspetti distintivi di Orange Is the New Black è il suo vasto cast di personaggi diversificati. Ogni episodio spesso si concentra su una delle detenute, rivelando il suo passato attraverso flashback che spiegano come è finita in prigione. Tra i personaggi principali ci sono Red (Kate Mulgrew), la capo cuoca e matriarca della prigione; Taystee (Danielle Brooks), una detenuta carismatica con grandi sogni; e Crazy Eyes (Uzo Aduba), una detenuta con problemi di salute mentale ma un cuore gentile.

La serie affronta una vasta gamma di temi sociali, tra cui il razzismo, la sessualità, la corruzione del sistema carcerario, le disuguaglianze socioeconomiche e le difficoltà delle donne trans. Laverne Cox, che interpreta Sophia Burset, una donna trans detenuta, è stata una delle prime attrici trans a ottenere una nomination agli Emmy, contribuendo a portare visibilità e consapevolezza sulle questioni trans.

Orange Is the New Black è celebrata per la sua capacità di mescolare dramma e commedia, offrendo uno sguardo umano e autentico sulla vita in prigione. La serie utilizza l'umorismo per alleviare la tensione delle situazioni drammatiche e per esplorare le relazioni tra i personaggi in modo più profondo e significativo.

La serie ha ricevuto numerosi premi, tra cui diversi Primetime Emmy Awards, ed è stata acclamata dalla critica per la sua scrittura, le performance del cast e la sua rappresentazione onesta e inclusiva delle donne in prigione. Orange Is the New Black ha anche avuto un impatto significativo sulla cultura popolare, aprendo il dibattito su importanti questioni sociali e influenzando altre produzioni televisive.

In conclusione, Orange Is the New Black è una serie televisiva che ha saputo combinare dramma e commedia in un modo unico e coinvolgente. Con i suoi personaggi complessi, la sua narrazione avvincente e la sua capacità di affrontare temi sociali rilevanti, la serie continua a essere celebrata come una delle migliori produzioni televisive degli ultimi anni.

33. Oz (Oz) - 1997

Oz è una serie televisiva drammatica americana creata da Tom Fontana, andata in onda su HBO dal 1997 al 2003. La serie è ambientata all'interno della prigione di massima sicurezza di Oswald State Correctional Facility, comunemente chiamata "Oz", e offre uno sguardo crudo e realistico sulla vita dei detenuti e del personale carcerario.

La trama di Oz si concentra principalmente su un'unità speciale della prigione chiamata Emerald City, un esperimento di riabilitazione gestito dal direttore Tim McManus (Terry Kinney). Emerald City ospita detenuti di diverse etnie, religioni e background, creando un microcosmo delle tensioni e dei conflitti presenti nella società.

Uno dei personaggi principali è Tobias Beecher (Lee Tergesen), un avvocato condannato per omicidio colposo mentre guidava in stato di ebbrezza. Beecher entra in Emerald City come un uomo pacifico e rispettoso della legge, ma le dure realtà della vita carceraria lo trasformano radicalmente. La sua relazione con altri detenuti, come il sadico Schillinger (J.K. Simmons) e il manipolatore Keller (Christopher Meloni), è centrale nella serie.

Augustus Hill (Harold Perrineau) è un detenuto paraplegico che funge anche da narratore della serie. Le sue riflessioni filosofiche e i suoi monologhi offrono una prospettiva unica sugli eventi della prigione e sui temi della serie, aggiungendo profondità e significato alla narrazione.

Oz esplora temi complessi come la redenzione, la vendetta, la violenza, la sessualità, il razzismo e la corruzione del sistema carcerario. La serie non esita a mostrare la brutalità e la disumanizzazione che avvengono dietro le sbarre, offrendo uno sguardo realistico e spesso scioccante sulla vita carceraria.

La serie è nota per il suo cast corale, che include attori come Ernie Hudson, Dean Winters, Rita Moreno, Eamonn Walker e Adewale Akinnuoye-Agbaje. Ogni personaggio porta una storia e una prospettiva unica, contribuendo a creare un quadro complesso e multifaccettato della vita in prigione.

Oz ha ricevuto ampi consensi dalla critica per la sua narrazione audace, la scrittura potente e le performance eccezionali del cast. La serie è stata pioniera per il suo approccio realistico e senza censure alla vita carceraria, aprendo la strada a future produzioni televisive che affrontano temi simili con la stessa intensità.

In conclusione, Oz è una serie televisiva drammatica che offre uno sguardo crudo e realistico sulla vita carceraria. Con la sua narrazione complessa, i suoi personaggi ben sviluppati e la sua capacità di affrontare temi profondi e controversi, la serie continua a essere celebrata come una delle migliori produzioni televisive drammatiche di tutti i tempi.

34. Futurama (Futurama) - 1999

Futurama è una serie televisiva animata di fantascienza e commedia creata da Matt Groening, il creatore de I Simpson. La serie è andata in onda per la prima volta nel 1999 su Fox e successivamente su Comedy Central, diventando un cult per il suo umorismo intelligente, i suoi personaggi memorabili e la sua visione futuristica del mondo.

La trama di Futurama segue le avventure di Philip J. Fry (Billy West), un giovane fattorino di pizza che viene accidentalmente congelato criogenicamente alla vigilia del Capodanno del 2000 e si risveglia mille anni dopo, nel 31° secolo. Fry trova lavoro presso Planet Express, una società di consegne interplanetarie, dove fa amicizia con una serie di personaggi eccentrici.

Tra i personaggi principali ci sono Turanga Leela (Katey Sagal), una mutante ciclope e capitano dell'astronave Planet Express; Bender Bending Rodriguez (John DiMaggio), un robot alcolizzato e cleptomane; e il Professor Hubert J. Farnsworth (Billy West), un anziano e svampito scienziato nonché pronipote di Fry. Altri membri dell'equipaggio includono il medico alieno Zoidberg (Billy West), l'addetto alle consegne Amy Wong (Lauren Tom) e l'ufficiale amministrativo Hermes Conrad (Phil LaMarr).

Futurama è nota per il suo umorismo basato su giochi di parole, riferimenti alla cultura pop e battute intelligenti. La serie esplora temi di fantascienza classici come i viaggi nel tempo, l'intelligenza artificiale e la vita extraterrestre, spesso parodiando opere famose del genere. Ogni episodio è una combinazione di avventura, commedia e commento sociale, mantenendo sempre un tono leggero e divertente.

La serie è acclamata per la sua capacità di bilanciare umorismo e narrativa emotiva. Episodi come "Jurassic Bark" e "The Luck of the Fryrish" sono noti per la loro profondità emotiva e il loro impatto sui fan, dimostrando che Futurama può essere tanto commovente quanto divertente.

Futurama ha ricevuto numerosi premi, tra cui diversi Primetime Emmy Awards, ed è considerata una delle migliori serie animate di tutti i tempi. La serie ha avuto un impatto significativo sulla cultura popolare, influenzando altre produzioni animate e generando un vasto fandom.

In conclusione, Futurama è una serie televisiva animata che ha saputo combinare fantascienza, commedia e commento sociale in un modo unico e avvincente. Con i suoi personaggi indimenticabili, la sua narrazione intelligente e il suo umorismo senza tempo, la serie continua a essere celebrata come una delle migliori produzioni televisive animate.

35. Hannibal (Hannibal) - 2013

Hannibal è una serie televisiva drammatica e thriller psicologico creata da Bryan Fuller, basata sui personaggi e sugli elementi dei romanzi di Thomas Harris, in particolare "Red Dragon," "Il silenzio degli innocenti" e "Hannibal". La serie è andata in onda su NBC dal 2013 al 2015 e ha ottenuto consensi per la sua narrazione visivamente ricca, le performance intense e la sua esplorazione psicologica.

La trama di Hannibal si concentra sulla complessa relazione tra l'agente speciale dell'FBI Will Graham (Hugh Dancy) e il dottor Hannibal Lecter (Mads Mikkelsen), un brillante psichiatra e segretamente un cannibale serial killer. Will Graham è un profiler dotato di un'empatia unica che gli permette di entrare nella mente dei serial killer, ma questa abilità lo rende anche vulnerabile al trauma psicologico.

Il dottor Hannibal Lecter diventa il consulente psichiatrico di Will, apparentemente per aiutarlo a gestire il suo stress mentale, ma in realtà per manipolarlo e utilizzarlo nei suoi giochi perversi. La serie esplora la dinamica cat-and-mouse tra i due, con Will che lentamente si rende conto della vera natura di Hannibal e lotta per smascherarlo.

La serie è nota per la sua estetica visiva, caratterizzata da una cinematografia lussuosa, una regia sofisticata e una rappresentazione artistica della violenza. Le scene di omicidi sono spesso presentate come opere d'arte macabre, e l'attenzione ai dettagli nella preparazione del cibo riflette l'eleganza e la raffinatezza del personaggio di Hannibal.

Hannibal è anche celebrata per le sue performance attoriali. Mads Mikkelsen offre una rappresentazione del dottor Lecter che è al contempo carismatica e inquietante, distinguendosi dalle interpretazioni precedenti del personaggio. Hugh Dancy interpreta Will Graham con una vulnerabilità e intensità che rendono il suo conflitto interiore palpabile e coinvolgente.

La serie esplora temi di identità, sanità mentale, moralità e la natura del male, utilizzando la relazione tra Will e Hannibal come lente attraverso cui esaminare questi concetti. La narrazione è ricca di simbolismo e sottotesto, offrendo agli spettatori un'esperienza visiva e intellettuale complessa.

Hannibal ha ricevuto numerosi premi e riconoscimenti, inclusi Saturn Awards e nomination ai Primetime Emmy Awards. Nonostante la sua cancellazione dopo tre stagioni, la serie ha sviluppato un culto di fan devoti che continuano a sperare in una continuazione della storia.

In conclusione, Hannibal è una serie televisiva straordinaria che combina thriller psicologico, dramma e horror in un modo unico e avvincente. Con la sua narrazione visivamente ricca, le sue performance intense e la sua esplorazione profonda dei temi psicologici, la serie continua a essere celebrata come una delle migliori produzioni del genere.

36. Arrested Development - Ti presento i miei (Arrested Development) - 2003

Arrested Development - Ti presento i miei (Arrested Development) è una serie televisiva comica americana creata da Mitchell Hurwitz, andata in onda per la prima volta nel 2003 su Fox. La serie è una commedia di satira che segue le disavventure della disfunzionale famiglia Bluth, un tempo ricca e influente, ora alle prese con problemi legali e finanziari.

Il protagonista principale è Michael Bluth (Jason Bateman), il figlio responsabile che cerca di mantenere unita la famiglia dopo l'arresto del padre, George Bluth Sr. (Jeffrey Tambor), per frode finanziaria. Michael assume il ruolo di capo dell'azienda di famiglia e cerca di tenere sotto controllo i suoi eccentrici parenti.

Tra i membri della famiglia ci sono la madre manipolatrice Lucille Bluth (Jessica Walter), il fratello maggiore incompetente Gob Bluth (Will Arnett), il fratello minore ansioso e insicuro Buster Bluth (Tony Hale) e la sorella superficiale Lindsay Fünke (Portia de Rossi). Completano il quadro il marito di Lindsay, Tobias Fünke (David Cross), un analista-psichiatra con aspirazioni teatrali, e la figlia di Michael, George Michael Bluth (Michael Cera), un adolescente timido e onesto.

Arrested Development è nota per il suo umorismo sofisticato e surreale, caratterizzato da battute ricorrenti, riferimenti culturali e una narrazione intricata che spesso utilizza flashback e colpi di scena. La serie è anche famosa per il suo stile di mockumentary, con narrazione fuori campo di Ron Howard, che aggiunge un ulteriore livello di comicità e meta-commentario.

La serie esplora temi di famiglia, lealtà e la lotta per il potere, offrendo una satira pungente della ricchezza e del privilegio. Ogni personaggio è caratterizzato da una serie di manie e difetti che contribuiscono alle situazioni comiche e ai conflitti familiari.

Arrested Development ha ricevuto numerosi premi, tra cui diversi Primetime Emmy Awards, e ha sviluppato un culto di fan devoti grazie alla sua scrittura brillante e ai personaggi indimenticabili. Nonostante gli alti e bassi degli ascolti televisivi, la serie ha mantenuto una reputazione di eccellenza nel genere della commedia.

Dopo la cancellazione iniziale nel 2006, la serie è stata riportata in vita da Netflix con nuove stagioni, permettendo ai fan di ritrovare i loro personaggi preferiti e di scoprire nuove avventure della famiglia Bluth.

In conclusione, Arrested Development - Ti presento i miei è una serie televisiva comica che ha saputo combinare satira, umorismo sofisticato e una narrazione intricata in un modo unico e coinvolgente. Con i suoi personaggi memorabili, le sue battute ricorrenti e il suo stile innovativo, la serie continua a essere celebrata come una delle migliori commedie televisive di tutti i tempi.

37. The Handmaid's Tale - The Handmaid's Tale (2017)

The Handmaid's Tale (2017) è una serie televisiva drammatica basata sul romanzo omonimo di Margaret Atwood. Ambientata in un futuro distopico, la serie racconta la storia di June Osborne, conosciuta anche come Difred, e della sua lotta per la libertà in un mondo in cui le donne sono ridotte a meri strumenti di riproduzione.

Il mondo di Gilead è governato da un regime teocratico e totalitario che ha preso il potere negli Stati Uniti d'America, trasformandoli in una società patriarcale dove le donne hanno perso tutti i diritti civili. Le "ancelle", tra cui la protagonista, sono donne fertili costrette a vivere sotto il controllo dei "comandanti" e delle loro mogli. La funzione principale delle ancelle è di concepire e dare alla luce i figli per le famiglie dell'élite.

June Osborne, interpretata magistralmente da Elisabeth Moss, è una donna determinata a sopravvivere e a trovare sua figlia, rapita dalle autorità di Gilead. La serie esplora le sue esperienze quotidiane, la brutalità del regime e il suo crescente desiderio di ribellione. Attraverso flashback, gli spettatori apprendono della sua vita precedente, quando era una moglie e madre libera, e di come Gilead è riuscita a imporre il suo controllo totalitario.

La serie affronta temi importanti come il femminismo, i diritti umani, la religione e il potere, mostrando come la società può rapidamente regredire sotto il dominio di un governo oppressivo. Ogni episodio è ricco di tensione e dramma, mantenendo gli spettatori incollati allo schermo con una narrazione avvincente e personaggi complessi.

La regia e la cinematografia di "The Handmaid's Tale" sono di altissimo livello, con un uso sapiente dei colori e della luce per trasmettere l'atmosfera opprimente e claustrofobica di Gilead. Il rosso delle uniformi delle ancelle e il bianco dei loro copricapi sono diventati simboli iconici della serie, rappresentando il contrasto tra la fertilità e la purezza imposta dal regime.

The Handmaid's Tale non è solo una storia di sofferenza e sottomissione, ma anche di speranza e resistenza. June, con il suo spirito indomito, incarna la lotta contro l'oppressione e il desiderio di libertà. La serie esplora anche le dinamiche di potere tra i vari personaggi, mostrando come alcuni cercano di navigare e persino trarre vantaggio dal sistema, mentre altri cercano modi per sabotarlo.

La serie ha ricevuto numerosi premi e riconoscimenti, tra cui diversi Emmy Awards, grazie alla sua scrittura potente, alle interpretazioni eccezionali e alla sua rilevanza sociale. Oltre a Elisabeth Moss, il cast include attori di grande talento come Yvonne Strahovski, Joseph Fiennes, Alexis Bledel e Ann Dowd, ognuno dei quali offre interpretazioni memorabili e sfumate.

"The Handmaid's Tale" è una serie che invita alla riflessione e al dibattito, mettendo in luce le possibili conseguenze di estremismi politici e religiosi. È una storia che, pur essendo ambientata in un futuro immaginario, risuona profondamente con le questioni contemporanee, rendendola una visione imprescindibile per chiunque sia interessato ai diritti umani e alla giustizia sociale.

38. Six Feet Under - Six Feet Under (2001)

Six Feet Under (2001) è una serie televisiva drammatica che esplora la vita e la morte attraverso le vicende della famiglia Fisher, proprietaria di un'agenzia di pompe funebri a Los Angeles. Creata da Alan Ball, la serie è nota per la sua trattazione profonda e spesso provocatoria dei temi legati alla mortalità, alla famiglia e alla ricerca del significato della vita.

La serie inizia con la morte improvvisa del patriarca Nathaniel Fisher, Sr., evento che sconvolge l'equilibrio della famiglia. I suoi due figli, Nate e David, si trovano a dover gestire l'attività di famiglia e affrontare le loro personali lotte interiori. Nate, il figlio maggiore, torna a casa dopo anni di assenza, trovandosi improvvisamente immerso in un mondo che aveva cercato di lasciare alle spalle. David, il figlio più giovane, è un uomo che combatte con la sua identità sessuale e la pressione di vivere secondo le aspettative della sua famiglia.

A completare il quadro familiare ci sono la madre Ruth, una donna che cerca di riscoprire sé stessa dopo la morte del marito, e Claire, la figlia adolescente che naviga tra le sfide della crescita. Ogni episodio della serie è strutturato attorno a un nuovo "caso" funerario, che spesso riflette o amplifica le tematiche personali e le dinamiche familiari dei Fisher.

Six Feet Under è apprezzata per la sua capacità di trattare argomenti complessi e spesso tabù con sensibilità e umorismo nero. La serie non si sottrae mai a mostrare il lato crudo e doloroso della vita e della morte, offrendo al contempo momenti di profonda umanità e connessione. La rappresentazione delle cerimonie funebri e dei diversi modi in cui le persone affrontano il lutto offre un ritratto diversificato e autentico della condizione umana.

Un altro aspetto distintivo della serie è il modo in cui utilizza l'immaginazione e la fantasia per esplorare i pensieri e i sentimenti dei personaggi. Spesso, i membri della famiglia Fisher interagiscono con visioni dei morti o con versioni idealizzate di loro stessi, che li aiutano a confrontarsi con le loro paure e desideri più profondi.

Il cast di "Six Feet Under" è eccezionale, con Peter Krause nei panni di Nate, Michael C. Hall come David, Frances Conroy come Ruth e Lauren Ambrose come Claire. Ogni attore offre una performance sfumata e commovente, contribuendo a rendere i personaggi vividi e credibili.

La serie ha ricevuto numerosi premi e riconoscimenti, inclusi diversi Emmy e Golden Globe, ed è considerata una delle migliori serie televisive di tutti i tempi. La sua capacità di affrontare con grazia e profondità le questioni universali della vita e della morte, mantenendo un equilibrio tra dramma e ironia, la rende una visione imprescindibile.

Six Feet Under invita gli spettatori a riflettere sulla propria mortalità e sulle relazioni che definiscono le loro vite. È una serie che, pur trattando di morte, celebra la vita in tutte le sue complessità, offrendo un'esperienza televisiva toccante e indimenticabile.

39. E.R. - Medici in prima linea - ER (1994)

E.R. - Medici in prima linea (ER) (1994) è una serie televisiva drammatica ambientata nel frenetico e spesso caotico pronto soccorso del County General Hospital di Chicago. Creata da Michael Crichton, la serie offre uno sguardo realistico e coinvolgente sulla vita dei medici, degli infermieri e del personale ospedaliero, mentre affrontano le sfide quotidiane della medicina d'urgenza.

La serie segue le vite personali e professionali di un gruppo variegato di medici e infermieri, ognuno con le proprie storie e motivazioni. Tra i personaggi principali troviamo il Dottor Mark Greene, interpretato da Anthony Edwards, un medico dedicato e compassionevole che funge spesso da ancoraggio morale per il team. Accanto a lui ci sono il talentuoso ma problematico Dottor Doug Ross, interpretato da George Clooney, e la determinata e resiliente infermiera Carol Hathaway, interpretata da Julianna Margulies.

Ogni episodio di E.R. è caratterizzato da un ritmo serrato e da un'attenzione al dettaglio medico, con casi clinici complessi e spesso strazianti che richiedono rapide decisioni e interventi salvavita. La serie riesce a bilanciare la tensione delle emergenze mediche con le storie personali dei personaggi, creando un mix avvincente di dramma e umanità.

Uno degli aspetti più apprezzati di "E.R." è la sua autenticità. La serie ha collaborato con veri professionisti medici per garantire che le procedure e le situazioni cliniche fossero rappresentate con accuratezza. Questo impegno per il realismo ha contribuito a rendere la serie un punto di riferimento per le rappresentazioni mediche in televisione.

La serie non si limita a mostrare solo le emergenze mediche, ma esplora anche le dinamiche interne dell'ospedale e le relazioni tra il personale. Gli spettatori vedono i personaggi crescere, affrontare le proprie paure e debolezze, e formare legami che li aiutano a superare le sfide più difficili. Le storie di amore, perdita, amicizia e rivalità si intrecciano con la pratica

medica, offrendo un ritratto completo e toccante della vita all'interno di un pronto soccorso.

Nel corso delle sue 15 stagioni, E.R. ha introdotto numerosi personaggi memorabili e ha trattato una vasta gamma di temi, dalla crisi sanitaria alla gestione delle catastrofi, dalla medicina etica alla questione della salute mentale. La serie ha anche affrontato temi sociali importanti, come la disparità nell'accesso alle cure mediche e le difficoltà del sistema sanitario.

Il successo di "E.R." è testimoniato dai numerosi premi vinti, tra cui 23 Emmy Awards, e dall'impatto duraturo che ha avuto sulla televisione e sulla cultura popolare. Ha lanciato la carriera di diversi attori, tra cui George Clooney, che è diventato una star internazionale grazie al suo ruolo nella serie.

E.R. rimane una pietra miliare della televisione, apprezzata per la sua capacità di coinvolgere gli spettatori con storie potenti e umane. È una serie che, pur focalizzandosi sulle emergenze mediche, riesce a raccontare storie universali di speranza, coraggio e resilienza, rendendola un'opera che ha resistito alla prova del tempo.

40. The X-Files - The X-Files (1993)

The X-Files (1993) è una serie televisiva di fantascienza e mistero creata da Chris Carter, che segue le indagini degli agenti dell'FBI Fox Mulder e Dana Scully su casi inspiegabili e fenomeni paranormali. La serie è diventata un fenomeno culturale, nota per la sua esplorazione di teorie del complotto, avvistamenti di UFO e altre attività soprannaturali.

Fox Mulder, interpretato da David Duchovny, è un agente dell'FBI ossessionato dalla ricerca della verità riguardo al paranormale, credendo fermamente nell'esistenza degli extraterrestri e di cospirazioni governative che ne occultano le prove. Dana Scully, interpretata da Gillian Anderson, è una scienziata e medico che viene assegnata a lavorare con Mulder per valutare i suoi casi con un approccio scientifico e scettico.

La dinamica tra Mulder e Scully è il fulcro della serie. Mulder rappresenta il credente, colui che è disposto a mettere in discussione ogni verità ufficiale pur di trovare risposte, mentre Scully è la scettica, che cerca spiegazioni razionali e scientifiche per i fenomeni che incontrano. Questa dicotomia crea un equilibrio perfetto tra mistero e scienza, rendendo ogni episodio una sfida intellettuale.

The X-Files è composta da episodi autoconclusivi e da una trama più ampia e complessa che si sviluppa nel corso delle stagioni, nota come "mytharc". Gli episodi autoconclusivi, spesso chiamati "monster of the week", presentano una varietà di creature, leggende urbane e fenomeni inspiegabili, mentre la trama principale esplora l'esistenza degli alieni, le cospirazioni governative e la verità dietro la scomparsa della sorella di Mulder.

La serie è apprezzata per la sua capacità di mescolare generi diversi, includendo elementi di horror, thriller, dramma e persino commedia. L'atmosfera oscura e inquietante, unita a una colonna sonora evocativa di Mark Snow, contribuisce a creare un senso di tensione e mistero che pervade ogni episodio.

The X-Files ha influenzato molte altre serie televisive e ha lasciato un'impronta indelebile nella cultura popolare. Frasi come "The truth is out there" e "I want to believe" sono diventate iconiche, e la serie ha generato due film, una serie di fumetti e un revival con nuove stagioni.

La chimica tra Duchovny e Anderson è stata cruciale per il successo della serie, e le loro interpretazioni sono state ampiamente elogiate dalla critica. La serie ha vinto numerosi premi, tra cui Golden Globe e Emmy Awards, e ha consolidato il suo status di classico televisivo.

The X-Files non è solo una serie di intrattenimento, ma una riflessione su temi profondi come la fede, la ricerca della verità e la natura della realtà. È una serie che invita gli spettatori a mantenere una mente aperta e a non accettare passivamente le verità ufficiali, incoraggiandoli a cercare sempre risposte e a mettere in discussione ciò che credono di sapere.

In conclusione, The X-Files rimane una delle serie televisive più influenti e amate di tutti i tempi, con una narrativa avvincente e personaggi indimenticabili che continuano a ispirare nuove generazioni di spettatori.

41. 24 - 24 (2001)

24 (2001) è una serie televisiva di genere thriller d'azione che ha rivoluzionato il panorama delle serie TV con il suo format innovativo. Creata da Joel Surnow e Robert Cochran, la serie segue le vicende di Jack Bauer, un agente della Counter Terrorist Unit (CTU), interpretato da Kiefer Sutherland. Ogni stagione della serie copre un singolo giorno, con ogni episodio rappresentante un'ora di tempo reale, per un totale di 24 episodi per stagione.

La trama di 24 è caratterizzata da un ritmo serrato e una tensione costante, con Jack Bauer che affronta minacce terroristiche, complotti politici e tradimenti all'interno delle agenzie governative. La serie inizia con Bauer che cerca di sventare un complotto per assassinare un candidato alla presidenza, ma le minacce diventano progressivamente più complesse e globali con il procedere delle stagioni. Le situazioni di emergenza e i colpi di scena sono all'ordine del giorno, mantenendo gli spettatori costantemente in allerta.

Un elemento distintivo di 24 è l'uso del "tempo reale". Ogni episodio copre un'ora consecutiva della giornata di Bauer, con un orologio digitale che scandisce il tempo, aumentando la suspense e l'urgenza delle situazioni. Questa struttura narrativa unica ha influenzato molte altre produzioni televisive e cinematografiche, consolidando 24 come un pioniere nel suo genere.

I personaggi di 24 sono complessi e ben sviluppati, con Jack Bauer al centro. Bauer è un eroe imperfetto, disposto a fare qualsiasi cosa per proteggere il suo paese, anche se ciò significa violare protocolli o affrontare dilemmi morali. Il suo impegno e la sua determinazione sono accompagnati da una vulnerabilità personale che emerge nel corso della serie, rendendolo un personaggio tridimensionale e credibile.

Il cast di supporto include personaggi memorabili come Tony Almeida, interpretato da Carlos Bernard, e Chloe O'Brian, interpretata da Mary Lynn Rajskub, il cui contributo è fondamentale per il successo delle missioni di Bauer. Le dinamiche tra i personaggi, così come le loro evoluzioni individuali, aggiungono profondità alla narrazione e alle interazioni all'interno della CTU.

24 ha ricevuto numerosi premi e riconoscimenti, tra cui Emmy Awards e Golden Globe, in particolare per la performance di Sutherland e per la qualità della produzione. La serie è stata acclamata per la sua capacità di tenere gli spettatori sul filo del rasoio e per la sua rappresentazione realistica e intensa delle operazioni antiterrorismo.

Oltre al suo successo critico e commerciale, 24 ha avuto un impatto significativo sulla cultura popolare e sul modo in cui vengono raccontate le storie di spionaggio e azione. Il format in tempo reale e la costruzione della suspense hanno influenzato molte serie successive, rendendo 24 un classico moderno.

In conclusione, 24 è una serie che ha ridefinito il genere thriller d'azione in TV, offrendo una narrazione avvincente, personaggi complessi e un'innovativa struttura in tempo reale. È una serie che continua a essere ricordata per la sua tensione incessante e il suo approccio pionieristico alla narrazione televisiva.

42. Battlestar Galactica - Battlestar Galactica (2004)

Battlestar Galactica (2004) è una serie televisiva di fantascienza creata da Ronald D. Moore, che reimmagina la serie originale del 1978. La serie è ambientata in un lontano sistema stellare dove una civiltà umana è in lotta per la sopravvivenza contro i Cyloni, una razza di robot senzienti che hanno scatenato un genocidio contro i loro creatori.

La trama di Battlestar Galactica inizia con la distruzione delle Dodici Colonie dell'umanità da parte dei Cyloni. I pochi sopravvissuti si imbarcano su una flotta di astronavi civili protette dalla Battlestar Galactica, un'astronave militare comandata dall'ammiraglio William Adama, interpretato da Edward James Olmos. Insieme alla presidente Laura Roslin, interpretata da Mary McDonnell, Adama guida i sopravvissuti in una disperata ricerca della leggendaria Tredicesima Colonia: la Terra.

La serie è nota per il suo approccio realistico e cupo alla fantascienza, esplorando temi complessi come la politica, la religione, l'identità e la moralità. I personaggi sono sfaccettati e spesso costretti a prendere decisioni difficili in situazioni estremamente stressanti. La serie pone domande profonde su cosa significhi essere umano e su come le società affrontano crisi esistenziali.

Battlestar Galactica è acclamata per la sua scrittura di alta qualità, la forte caratterizzazione e la capacità di intrecciare trame politiche e personali con le vicende di sopravvivenza e guerra. Ogni episodio è costruito con cura, mantenendo un equilibrio tra azione, dramma e riflessione filosofica. La serie non esita a trattare temi attuali e rilevanti, come il terrorismo, i diritti civili e il fanatismo religioso, rendendola estremamente pertinente e stimolante.

Il cast di Battlestar Galactica è uno dei punti di forza della serie, con interpretazioni eccellenti che danno vita a personaggi complessi e credibili. Edward James Olmos e Mary McDonnell offrono performance potenti, ma anche gli altri membri del cast, come Katee Sackhoff nei panni del pilota Starbuck e Jamie Bamber come Lee "Apollo" Adama, contribuiscono in modo significativo alla profondità della serie.

La serie ha ricevuto numerosi premi e riconoscimenti, tra cui Peabody Awards e Emmy Awards, ed è considerata una delle migliori serie televisive di fantascienza di tutti i tempi. Il suo mix di dramma umano e avventura spaziale, unito a una narrazione intelligente e coinvolgente, ha conquistato un vasto pubblico di appassionati e critici.

Battlestar Galactica ha lasciato un'impronta duratura nel genere della fantascienza, influenzando molte altre opere con il suo approccio serio e maturo alla narrazione. È una serie che invita alla riflessione e al dibattito, offrendo una visione ricca e stratificata del futuro dell'umanità e delle sue sfide.

In conclusione, Battlestar Galactica è una serie che va oltre i confini della fantascienza tradizionale, esplorando in profondità la condizione umana attraverso una storia avvincente e ben realizzata. È una serie imperdibile per chiunque ami la fantascienza intelligente e il dramma intenso.

43. The Twilight Zone - The Twilight Zone (1959)

The Twilight Zone (1959), creata da Rod Serling, è una serie antologica di fantascienza, horror e mistero che ha avuto un impatto profondo sulla televisione e sulla cultura popolare. Ogni episodio della serie presenta una storia autonoma, con trame che spaziano dal fantastico al surreale, spesso con una morale o una critica sociale alla base.

La serie è famosa per il suo stile narrativo unico, che combina elementi di fantascienza, horror e thriller psicologico. Rod Serling, che ha scritto gran parte degli episodi, funge anche da narratore, introducendo e concludendo ogni episodio con riflessioni enigmatiche e affascinanti. La sua voce e le sue parole sono diventate iconiche, contribuendo a creare l'atmosfera misteriosa e inquietante che caratterizza la serie.

Ogni episodio di The Twilight Zone esplora temi universali come la paura dell'ignoto, la natura della realtà, la moralità e la condizione umana. La serie è nota per i suoi finali a sorpresa e le sue trame avvincenti, che spesso sfidano le aspettative degli spettatori e li costringono a riflettere su questioni profonde e complesse. Alcuni degli episodi più celebri includono "Time Enough at Last", "The Monsters Are Due on Maple Street" e "Nightmare at 20,000 Feet", ciascuno dei quali ha lasciato un'impronta indelebile nella memoria collettiva.

La produzione di The Twilight Zone è stata innovativa per il suo tempo, utilizzando effetti speciali, trucchi cinematografici e una regia creativa per dare vita a storie straordinarie. La serie ha attirato numerosi talenti sia davanti che dietro la telecamera, con attori del calibro di Burgess Meredith, William Shatner e Robert Redford, e registi come Richard Donner e Don Siegel.

The Twilight Zone ha ricevuto numerosi riconoscimenti e premi, tra cui Emmy Awards, e ha influenzato innumerevoli altre opere di fantascienza e horror. La sua eredità è evidente in molte serie e film successivi, che hanno tratto ispirazione dal suo approccio innovativo e dalla sua capacità di combinare intrattenimento e riflessione filosofica. La serie ha avuto diversi revival nel corso degli anni, ma è la versione originale degli anni '50 e '60 che rimane la più iconica e influente. Ogni episodio è un viaggio in un mondo dove le regole della realtà sono sospese e dove l'impossibile diventa possibile. La serie sfida gli spettatori a vedere oltre l'ordinario e a considerare le infinite possibilità dell'universo.

In conclusione, The Twilight Zone è una pietra miliare della televisione, un'opera che ha ridefinito il genere della fantascienza e del mistero. La sua capacità di esplorare temi complessi attraverso storie avvincenti e provocatorie ha garantito il suo posto nella storia della televisione e nella cultura popolare. È una serie che continua a ispirare e a intrigare nuove generazioni di spettatori, confermando il genio di Rod Serling e la potenza del suo immaginario.

44. Il commissario Montalbano - Inspector Montalbano (1999)

Il commissario Montalbano (1999) è una serie televisiva italiana basata sui romanzi di Andrea Camilleri. La serie segue le indagini del commissario Salvo Montalbano, interpretato da Luca Zingaretti, nella fittizia cittadina siciliana di Vigàta. Con un mix di giallo, dramma e un tocco di umorismo, la serie ha conquistato il pubblico italiano e internazionale.

Montalbano è un commissario di polizia acuto e perspicace, noto per il suo senso della giustizia e il suo approccio non convenzionale alle indagini. La serie esplora le sue capacità investigative mentre affronta una varietà di crimini, da omicidi complessi a casi di corruzione e intrighi politici. Ogni episodio è un intricato puzzle che Montalbano risolve con ingegno e intuizione, spesso svelando i lati più oscuri della società siciliana.

Uno degli elementi distintivi della serie è l'ambientazione. Le bellezze naturali della Sicilia, con i suoi paesaggi mozzafiato, le città storiche e le tradizioni locali, giocano un ruolo centrale nella narrazione. Le riprese in esterni, con luoghi pittoreschi come Ragusa, Modica e Scicli, aggiungono autenticità e fascino alla serie, rendendo Vigàta un personaggio a sé stante.

Il cast di supporto è altrettanto fondamentale per il successo della serie. Tra i personaggi ricorrenti ci sono il fedele vicecommissario Mimì Augello, interpretato da Cesare Bocci, il goffo ma leale agente Catarella, interpretato da Angelo Russo, e l'amata Livia, la fidanzata di Montalbano, interpretata da Sonia Bergamasco. Le interazioni tra questi personaggi, insieme ai vivaci dialoghi e alle situazioni comiche, arricchiscono la trama e offrono un ritratto vivace della vita quotidiana a Vigàta.

Il commissario Montalbano non è solo una serie di gialli, ma anche un'esplorazione della cultura e della società siciliana. Attraverso le sue indagini, Montalbano affronta temi come la mafia, la corruzione, le disuguaglianze sociali e le tradizioni radicate. La serie offre una critica sociale sottile ma incisiva, mantenendo al contempo un tono leggero e accessibile.

La serie ha ottenuto numerosi premi e riconoscimenti, diventando un fenomeno culturale in Italia e guadagnando un seguito internazionale. La performance di Luca Zingaretti nel ruolo del protagonista è stata ampiamente lodata, e il suo ritratto di Montalbano è diventato iconico.

Il commissario Montalbano è una serie che combina abilmente il genere poliziesco con il dramma umano, offrendo storie avvincenti e personaggi memorabili. È un viaggio affascinante attraverso le bellezze e le complessità della Sicilia, visto attraverso gli occhi di uno dei commissari più amati della televisione italiana.

In conclusione, Il commissario Montalbano è una serie che ha saputo catturare l'essenza della Sicilia e della sua gente, raccontando storie di crimini e misteri con profondità, intelligenza e un tocco di umorismo. È una visione imperdibile per gli amanti del giallo e della cultura italiana.

45. BoJack Horseman - BoJack Horseman (2014)

BoJack Horseman (2014) è una serie animata di genere dramedy creata da Raphael Bob-Waksberg e caratterizzata da un approccio unico e profondo alla narrazione. Ambientata in un mondo dove gli esseri umani convivono con animali antropomorfi, la serie segue le vicende di BoJack Horseman, una star di una sit-com degli anni '90 ormai caduta in disgrazia, doppiata da Will Arnett.

BoJack Horseman è un cavallo antropomorfo che lotta con la sua carriera in declino, i suoi problemi personali e il suo passato tormentato. La serie esplora temi complessi come la depressione, l'ansia, la dipendenza, e la ricerca del significato della vita con una combinazione di umorismo nero, satira sociale e momenti di intensa emotività.

La trama principale segue BoJack mentre tenta di risollevare la sua carriera, lavorando a una biografia con la ghostwriter Diane Nguyen, interpretata da Alison Brie. Diane, umana, diventa una delle figure chiave nella vita di BoJack, offrendogli supporto e sfidandolo a confrontarsi con le sue scelte di vita. La serie presenta anche altri personaggi importanti, come il pigro e ottimista Todd Chavez, doppiato da Aaron Paul, la gatta e manager Princess Carolyn, doppiata da Amy Sedaris, e Mr. Peanutbutter, un cane labrador sempre positivo, doppiato da Paul F. Tompkins.

Uno degli aspetti più apprezzati di BoJack Horseman è la sua capacità di bilanciare umorismo e dramma. Sebbene la serie sia ricca di gag visive, battute e situazioni assurde, non esita a trattare temi seri e dolorosi con sincerità e sensibilità. Gli episodi spesso alternano momenti di leggerezza a scene intense e riflessive, creando un mix emotivo unico nel panorama delle serie animate.

La serie è nota anche per la sua satira pungente del mondo dello spettacolo e della cultura pop. Attraverso BoJack e i suoi amici, BoJack Horseman offre una critica tagliente della fama, del successo e delle relazioni interpersonali nell'industria dell'intrattenimento. Le parodie di Hollywood e le riflessioni sui meccanismi del successo e del fallimento sono al centro della narrazione, rendendo la serie non solo divertente ma anche profondamente critica.

BoJack Horseman ha ricevuto lodi dalla critica per la sua scrittura brillante, la profondità dei personaggi e l'audacia con cui affronta argomenti difficili. La serie ha vinto numerosi premi, tra cui Annie Awards e Critics' Choice Television Awards, e ha conquistato un pubblico affezionato grazie alla sua originalità e alla sua capacità di toccare corde emotive universali.

In conclusione, BoJack Horseman è una serie che ha saputo distinguersi nel panorama televisivo per la sua combinazione di umorismo intelligente e dramma toccante. È una riflessione acuta sulla natura umana e sulle sfide della vita moderna, presentata attraverso le vicende di un protagonista imperfetto ma profondamente umano. Con la sua narrazione avvincente e il suo stile unico, BoJack Horseman è una serie che lascia un'impronta duratura e significativa.

46. Parks and Recreation - Parks and Recreation (2009)

Parks and Recreation (2009) è una serie televisiva di genere mockumentary comedy creata da Greg Daniels e Michael Schur. La serie è ambientata nella città fittizia di Pawnee, Indiana, e segue le vicende del dipartimento dei parchi e delle attività ricreative, concentrandosi in particolare sulla sua entusiasta e determinata vicedirettrice Leslie Knope, interpretata da Amy Poehler.

Leslie Knope è una funzionaria pubblica con un amore sincero per la sua città e una dedizione infaticabile al miglioramento della comunità. La serie segue Leslie e il suo team mentre affrontano una varietà di progetti, dalla creazione di nuovi parchi alla gestione di eventi pubblici, il tutto con un mix di commedia, cuore e satira politica.

Il cast di Parks and Recreation è uno dei punti di forza della serie, con personaggi memorabili e ben caratterizzati che contribuiscono a creare un ensemble affiatato e divertente. Tra i membri del team ci sono Ron Swanson (Nick Offerman), il burbero ma affascinante capo di Leslie, che è famoso per il suo amore per la carne e la sua sfiducia nel governo; Tom Haverford (Aziz Ansari), un ambizioso e stiloso funzionario con grandi sogni imprenditoriali; e April Ludgate (Aubrey Plaza), la sarcastica e apatica assistente di Leslie.

Ogni episodio è ricco di situazioni comiche e momenti di grande umanità, mentre il dipartimento dei parchi affronta sfide quotidiane con spirito e determinazione. La serie utilizza il formato del mockumentary, simile a The Office, con interviste dirette ai personaggi e una narrazione che alterna scene di vita quotidiana a confessionali personali, offrendo uno sguardo intimo e spesso esilarante sulle loro vite e motivazioni.

Parks and Recreation è acclamata per la sua scrittura brillante, la caratterizzazione dei personaggi e l'abilità di mescolare commedia e sentimento. La serie esplora temi come l'importanza del servizio pubblico, l'amicizia, l'ambizione e l'amore per la comunità, offrendo al contempo una satira leggera ma incisiva della politica locale e delle dinamiche burocratiche.

Amy Poehler, nel ruolo di Leslie Knope, offre una performance eccezionale che è stata ampiamente lodata e premiata. Il suo ritratto di un personaggio così positivamente determinato e genuinamente altruista è uno degli elementi centrali del fascino della serie. Anche il resto del cast, tra cui Rashida Jones, Adam Scott, Rob Lowe e Chris Pratt, contribuisce significativamente al successo della serie con interpretazioni divertenti e toccanti.

Parks and Recreation ha ricevuto numerosi premi e riconoscimenti durante la sua corsa, diventando una delle serie comiche più amate e apprezzate del suo tempo. La sua capacità di combinare umorismo e calore umano, insieme alla sua critica leggera ma acuta della politica e della burocrazia, la rende una serie unica e memorabile.

In conclusione, Parks and Recreation è una serie che celebra l'importanza della comunità e il valore del servizio pubblico attraverso storie divertenti e personaggi indimenticabili. È una serie che lascia il pubblico con un sorriso sul volto e un rinnovato apprezzamento per l'impegno e la dedizione di coloro che lavorano per il bene comune.

47. I segreti di Twin Peaks - Twin Peaks (1990)

I segreti di Twin Peaks (Twin Peaks) (1990) è una serie televisiva di genere mistero e dramma creata da David Lynch e Mark Frost. Ambientata nella fittizia cittadina di Twin Peaks, la serie inizia con la scoperta del corpo della giovane Laura Palmer, dando il via a un'indagine che svelerà i segreti più oscuri della comunità.

L'agente speciale dell'FBI Dale Cooper, interpretato da Kyle MacLachlan, viene inviato a Twin Peaks per investigare sull'omicidio di Laura Palmer. Cooper, con il suo metodo investigativo unico e il suo fascino eccentrico, diventa rapidamente il cuore della serie. Attraverso i suoi occhi, gli spettatori vengono introdotti a un mondo surreale e inquietante, dove nulla è come sembra.

Twin Peaks è celebre per il suo stile visivo distintivo, la sua atmosfera inquietante e la sua narrativa non lineare. David Lynch, noto per il suo approccio sperimentale e la sua capacità di creare ambientazioni sognanti e inquietanti, utilizza questi elementi per costruire un racconto che è tanto un'indagine poliziesca quanto un'esplorazione dei confini della realtà e della psiche umana.

I personaggi di Twin Peaks sono variegati e complessi, ciascuno con i propri segreti e motivazioni. Oltre a Cooper, la serie presenta figure memorabili come la misteriosa signora del ceppo (Catherine E. Coulson), l'oscuro e minaccioso BOB (Frank Silva), e la torturata madre di Laura, Sarah Palmer (Grace Zabriskie). Ogni personaggio contribuisce a creare l'intricata rete di misteri che caratterizza la serie.

La colonna sonora di Angelo Badalamenti, con il suo tema principale malinconico e avvolgente, è una parte fondamentale dell'atmosfera di Twin Peaks. La musica accompagna e amplifica le emozioni e le tensioni della trama, rendendo ogni scena ancora più immersiva e memorabile.

Twin Peaks ha avuto un impatto enorme sulla cultura popolare e sulla televisione, influenzando molte serie successive e guadagnandosi un seguito di culto. La sua combinazione di mistero, dramma e surrealismo ha aperto nuove strade nella narrazione televisiva, dimostrando che la TV può essere un medium per storie audaci e innovative.

La serie è stata acclamata per la sua capacità di mescolare generi diversi e per la sua rappresentazione audace di temi come la dualità della natura umana, il soprannaturale e la corruzione nascosta sotto la superficie di una piccola comunità. Il suo finale enigmatico e aperto ha lasciato molte domande senza risposta, mantenendo vivo l'interesse e la discussione tra i fan per anni.

Twin Peaks ha ricevuto numerosi premi e riconoscimenti, cementando il suo status di serie rivoluzionaria e influente. Il suo revival nel 2017, con il ritorno di molti membri del cast originale e dei creatori Lynch e Frost, ha riaffermato la sua rilevanza e ha introdotto la serie a una nuova generazione di spettatori.

In conclusione, I segreti di Twin Peaks è una serie che ha sfidato le convenzioni della televisione, offrendo un'esperienza unica e indimenticabile. È un viaggio nei meandri più oscuri dell'animo umano, presentato con uno stile inconfondibile e una narrazione avvincente che continua a affascinare e ispirare.

48. Fleabag - Fleabag (2016)

Fleabag (2016) è una serie televisiva di genere dramedy creata e interpretata da Phoebe Waller-Bridge. Basata sul monologo teatrale omonimo di Waller-Bridge, la serie offre uno sguardo schietto, comico e profondamente emotivo nella vita della protagonista, conosciuta semplicemente come Fleabag.

La protagonista, interpretata da Phoebe Waller-Bridge, è una giovane donna che vive a Londra e affronta le sfide quotidiane con una combinazione di umorismo caustico e vulnerabilità. Attraverso frequenti rotture della quarta parete, Fleabag parla direttamente agli spettatori, condividendo i suoi pensieri più intimi e i suoi commenti ironici sulla sua vita e sulle persone che la circondano. Questo approccio crea un legame diretto e personale tra la protagonista e il pubblico, rendendo la narrazione ancora più coinvolgente.

Fleabag esplora temi come la famiglia, l'amore, la sessualità, il lutto e la ricerca del senso di sé. La serie inizia con Fleabag che cerca di far fronte alla recente morte della sua migliore amica e alla tensione nelle sue relazioni familiari. Mentre naviga tra incontri romantici disastrosi, un'attività commerciale fallimentare e dinamiche familiari complicate, Fleabag lotta per trovare un equilibrio e un senso di pace interiore.

Il cast di supporto di Fleabag è eccezionale, con interpretazioni memorabili che arricchiscono la narrazione. Olivia Colman interpreta la matrigna di Fleabag, un personaggio manipolatore e freddamente divertente, mentre Sian Clifford è Claire, la sorella perfezionista e nevrotica di Fleabag. Anche Andrew Scott, nel ruolo del "prete sexy" nella seconda stagione, offre una performance che ha catturato l'attenzione del pubblico e della critica.

La scrittura di Phoebe Waller-Bridge è uno degli aspetti più acclamati della serie. Con dialoghi taglienti, situazioni comiche e momenti di profonda introspezione, Fleabag riesce a bilanciare brillantemente umorismo e dramma. La serie affronta questioni universali con un tocco personale e originale, offrendo una rappresentazione autentica e non convenzionale della vita moderna.

Fleabag ha ricevuto numerosi premi e riconoscimenti, tra cui diversi Emmy Awards e BAFTA, consolidando Phoebe Waller-Bridge come una delle voci più importanti e innovative della televisione contemporanea. La serie è stata lodata per la sua onestà emotiva, il suo umorismo unico e la sua capacità di esplorare temi complessi con sensibilità e intelligenza.

In conclusione, Fleabag è una serie che ha saputo conquistare il pubblico e la critica con la sua narrazione fresca e autentica. È un ritratto sincero e comico delle sfide della vita moderna, presentato attraverso gli occhi di una protagonista indimenticabile. Con il suo mix di umorismo, emozione e introspezione, Fleabag è una serie che lascia un'impressione duratura e continua a risuonare con gli spettatori.

49. Narcos - Narcos (2015)

Narcos (2015) è una serie televisiva di genere crime drama creata da Chris Brancato, Carlo Bernard e Doug Miro. La serie è basata sulla storia vera dell'ascesa e caduta di Pablo Escobar, il famigerato signore della droga colombiano, e sulla lotta delle forze dell'ordine per fermare il suo impero del narcotraffico.

La serie è ambientata principalmente negli anni '80 e '90, seguendo Escobar, interpretato da Wagner Moura, mentre costruisce il suo impero della droga, diventando uno degli uomini più ricchi e potenti del mondo. Escobar è rappresentato come un uomo complesso, capace di grande generosità ma anche di violenza spietata. La sua storia è intrecciata con quella della Colombia, un paese che viene trasformato dal traffico di droga e dalla guerra contro i cartelli.

Accanto alla figura di Escobar, Narcos racconta anche la storia degli agenti della DEA, Steve Murphy (Boyd Holbrook) e Javier Peña (Pedro Pascal), che lavorano instancabilmente per catturarlo e smantellare il cartello di Medellín. La serie esplora le difficoltà e i pericoli affrontati dagli agenti, così come le sfide morali e personali che derivano dalla loro missione.

Narcos è nota per la sua narrazione intensa e avvincente, che mescola eventi storici con elementi di finzione per creare un ritratto drammatico e realistico della guerra alla droga. La serie utilizza un mix di lingue, con dialoghi in spagnolo e inglese, aggiungendo autenticità e immergendo gli spettatori nel mondo dei narcotrafficanti e delle forze dell'ordine.

La cinematografia di Narcos è di alto livello, con riprese che catturano la bellezza e la brutalità della Colombia. La serie non si tira indietro nel mostrare la violenza e la corruzione che permeano il mondo del narcotraffico, offrendo uno sguardo crudo e senza filtri su una delle guerre più sanguinose della storia recente.

Le performance del cast sono state ampiamente lodate, con Wagner Moura che offre una rappresentazione convincente e sfaccettata di Pablo Escobar. Anche Pedro Pascal e Boyd Holbrook sono stati apprezzati per le loro interpretazioni di agenti della DEA determinati e impegnati.

Narcos ha ricevuto numerosi riconoscimenti e premi, inclusi Golden Globe e Emmy nominations, ed è stata acclamata per la sua abilità di raccontare una storia complessa e avvincente con profondità e realismo. La serie ha anche generato spin-off, come Narcos: Mexico, che esplora il mondo del narcotraffico in Messico, continuando a espandere il suo universo narrativo.

In conclusione, Narcos è una serie che offre un ritratto potente e avvincente della guerra alla droga e delle figure che ne sono state protagoniste. Con una narrazione intensa, personaggi complessi e una rappresentazione realistica degli eventi storici, Narcos è una serie che cattura e coinvolge gli spettatori, offrendo una visione profonda di uno dei capitoli più turbolenti della storia recente.

50. Peaky Blinders - Peaky Blinders (2013)

Peaky Blinders (2013) è una serie televisiva di genere dramma storico creata da Steven Knight. Ambientata a Birmingham, Inghilterra, poco dopo la Prima Guerra Mondiale, la serie segue le vicende della famiglia Shelby, guidata dal carismatico e astuto Thomas Shelby, interpretato da Cillian Murphy. I Peaky Blinders sono una gang criminale nota per cucire lamette da rasoio nei picchi dei loro cappelli, da cui deriva il loro nome.

La trama principale di Peaky Blinders ruota attorno all'ascesa al potere di Thomas Shelby e dei suoi fratelli, che cercano di espandere il loro impero criminale e consolidare il loro controllo su Birmingham e oltre. La serie esplora le dinamiche di potere, le rivalità tra gang e le relazioni personali all'interno della famiglia Shelby, offrendo un ritratto avvincente e stilisticamente unico della criminalità organizzata nel periodo post-bellico.

Uno degli elementi distintivi di Peaky Blinders è la sua atmosfera e il suo stile visivo. La serie è nota per la sua fotografia evocativa, la sua colonna sonora moderna e potente, e la sua attenzione ai dettagli storici. La rappresentazione della Birmingham degli anni '20 è ricca e immersiva, con un'accurata ricostruzione dei costumi, delle ambientazioni e delle culture dell'epoca.

Cillian Murphy offre una performance straordinaria nel ruolo di Thomas Shelby, un personaggio complesso e affascinante che combina intelligenza, ferocia e vulnerabilità. Il cast di supporto include attori di grande talento come Helen McCrory nel ruolo di Polly Gray, la zia e consigliera di Thomas, e Paul Anderson come Arthur Shelby, il fratello maggiore e braccio destro di Thomas.

Peaky Blinders esplora temi come l'ambizione, la lealtà, la famiglia e la redenzione, intrecciando le storie personali dei personaggi con eventi storici e politici. La serie affronta anche questioni sociali e culturali, come le conseguenze della guerra, le tensioni di classe e le lotte per il potere, offrendo una narrazione ricca e sfumata.

La serie ha ricevuto ampi consensi dalla critica e numerosi premi, tra cui BAFTA Television Awards. È stata lodata per la sua scrittura avvincente, la qualità delle interpretazioni e la sua capacità di mescolare realismo storico con elementi di finzione drammatica.

Peaky Blinders ha anche avuto un impatto significativo sulla cultura popolare, influenzando la moda, la musica e il linguaggio. Il suo stile distintivo e i suoi personaggi iconici hanno conquistato un vasto pubblico internazionale, rendendola una delle serie più apprezzate e seguite degli ultimi anni.

In conclusione, Peaky Blinders è una serie che offre una combinazione unica di dramma storico, narrazione avvincente e stile visivo distintivo. È una serie che esplora con profondità e intensità le vicende di una famiglia criminale in un periodo di grande cambiamento sociale e politico, offrendo agli spettatori una visione avvincente e indimenticabile del mondo dei Peaky Blinders.

51. The Shield - The Shield (2002)

The Shield (2002) è una serie televisiva di genere poliziesco creata da Shawn Ryan, che ha rivoluzionato il modo in cui vengono raccontate le storie di polizia in televisione. Ambientata nel fittizio distretto di Farmington, a Los Angeles, la serie segue le vicende del controverso detective Vic Mackey, interpretato da Michael Chiklis, e della sua squadra d'assalto, nota come la "Strike Team".

La serie è conosciuta per il suo approccio grintoso e realistico alla rappresentazione del crimine e della corruzione all'interno della polizia. Vic Mackey è un personaggio complesso, un antieroe disposto a utilizzare metodi estremi e spesso illegali per mantenere l'ordine nelle strade di Farmington. La sua ambiguità morale e la sua determinazione feroce lo rendono un personaggio affascinante ma controverso.

The Shield esplora temi come la corruzione, il potere e la giustizia, offrendo una visione spietata della polizia urbana. La serie non esita a mostrare le zone grigie della moralità, dove i confini tra il bene e il male sono spesso sfumati. La narrazione è intensa e piena di colpi di scena, mantenendo gli spettatori costantemente in tensione.

Il cast di supporto di The Shield è eccezionale, con interpretazioni di alto livello che arricchiscono la trama. Walton Goggins interpreta Shane Vendrell, il migliore amico e collega di Mackey, mentre CCH Pounder è Claudette Wyms, una detective determinata e onesta che spesso si trova in conflitto con i metodi di Mackey. La serie presenta anche altri personaggi memorabili, come Dutch Wagenbach (Jay Karnes) e Julian Lowe (Michael Jace), ciascuno con le proprie sfide e dilemmi morali.

The Shield è stata acclamata per la sua capacità di affrontare temi complessi con realismo e profondità. La scrittura è incisiva e i personaggi sono ben sviluppati, con archi narrativi che esplorano le loro motivazioni e le loro lotte interne. La serie ha ricevuto numerosi premi e riconoscimenti, tra cui un Golden Globe per la migliore serie drammatica e un Emmy per Michael Chiklis come miglior attore protagonista.

La serie ha anche avuto un impatto duraturo sulla televisione, influenzando molte altre produzioni che hanno seguito il suo esempio nel rappresentare la polizia in modo più realistico e meno idealizzato. The Shield ha aperto la strada a serie come The Wire e Breaking Bad, dimostrando che le storie di antieroi e moralità ambigua possono essere altrettanto avvincenti e profonde.

In conclusione, The Shield è una serie che ha ridefinito il genere poliziesco, offrendo una narrazione cruda e avvincente che esplora le complessità della giustizia e della corruzione. È una visione imprescindibile per chiunque sia interessato alle storie di crimine e a personaggi complessi e moralmente ambigui.

52. Firefly - Firefly (2002)

Firefly (2002) è una serie televisiva di fantascienza creata da Joss Whedon, che è diventata un cult nonostante la sua breve durata. Ambientata nel 2517, la serie segue le avventure dell'equipaggio della Serenity, una nave spaziale di classe Firefly, mentre navigano tra i pianeti periferici di un vasto sistema solare, lontani dall'autorità centrale dell'Alleanza.

Il capitano Malcolm "Mal" Reynolds, interpretato da Nathan Fillion, è un ex soldato ribelle che ha combattuto contro l'Alleanza nella Guerra dell'Unificazione. Dopo la sconfitta, Mal e il suo equipaggio vivono ai margini della legge, prendendo qualsiasi lavoro che possa mantenere la loro nave e il loro stile di vita indipendente. La serie combina elementi di fantascienza e western, creando un mondo unico dove l'alta tecnologia coesiste con ambientazioni e valori da frontiera.

L'equipaggio della Serenity è composto da personaggi memorabili e ben sviluppati. Zoe Washburne (Gina Torres) è la leale seconda in comando di Mal e veterana di guerra. Hoban "Wash" Washburne (Alan Tudyk) è il pilota della nave e marito di Zoe, noto per il suo senso dell'umorismo. Jayne Cobb (Adam Baldwin) è il muscoloso mercenario della nave, mentre Kaylee Frye (Jewel Staite) è l'ottimista e abile meccanico.

Firefly esplora temi come la libertà, la sopravvivenza e la lotta contro l'oppressione. Ogni episodio presenta una nuova avventura, spesso mettendo l'equipaggio contro pericoli sia esterni che interni. La serie è apprezzata per la sua scrittura brillante, i dialoghi taglienti e il profondo sviluppo dei personaggi.

Nonostante la sua cancellazione dopo una sola stagione, Firefly ha guadagnato un seguito devoto e ha generato un film, Serenity (2005), che ha concluso alcune delle trame lasciate in sospeso. La serie è stata lodata per la sua capacità di mescolare generi diversi e per il suo approccio innovativo alla narrazione televisiva.

In conclusione, Firefly è una serie che ha lasciato un'impronta duratura nonostante la sua breve vita. Con personaggi indimenticabili, una trama avvincente e un mondo ricco di dettagli, è una serie che continua a essere amata dai fan di tutto il mondo.

53. Black Mirror - Black Mirror (2011)

Black Mirror (2011) è una serie antologica di fantascienza e satira creata da Charlie Brooker. Ogni episodio presenta una storia autonoma che esplora le conseguenze inquietanti della tecnologia moderna sulla società, spesso ambientata in un futuro prossimo o alternativo. La serie è nota per la sua capacità di mescolare il thriller psicologico con la critica sociale, offrendo uno sguardo cupo e provocatorio sulle nostre interazioni con la tecnologia.

La serie affronta temi come l'isolamento sociale, la perdita della privacy, l'abuso di potere e la dipendenza dalla tecnologia. Ogni episodio funge da specchio oscuro che riflette le paure e le ansie contemporanee, esagerandole per evidenziare i potenziali pericoli delle innovazioni tecnologiche.

Tra gli episodi più celebri c'è "San Junipero", che esplora temi di amore e immortalità attraverso una simulazione virtuale, e "Nosedive", che critica la cultura dei social media e l'ossessione per l'approvazione sociale. "USS Callister" è un altro episodio acclamato, che mette in luce i pericoli dell'abuso di potere in un mondo virtuale.

Black Mirror è stata lodata per la sua scrittura intelligente e per la capacità di affrontare temi complessi con una narrazione coinvolgente e spesso disturbante. La serie utilizza un'ampia gamma di stili e toni, dal dramma psicologico all'horror, dalla commedia alla tragedia, mantenendo sempre una critica tagliente e pertinente.

Il successo di Black Mirror ha portato a numerosi premi e riconoscimenti, tra cui Emmy Awards per episodi come "San Junipero" e "USS Callister". La serie ha influenzato molte altre opere nel genere della fantascienza e ha stimolato il dibattito pubblico sulle implicazioni etiche e sociali della tecnologia.

In conclusione, Black Mirror è una serie che ha saputo catturare l'attenzione del pubblico e della critica con il suo approccio innovativo e provocatorio alla narrazione. È una serie che sfida gli spettatori a riflettere sulle loro relazioni con la tecnologia e sulle possibili direzioni del futuro, offrendo storie avvincenti e spesso inquietanti.

54. Scrubs - Medici ai primi ferri - Scrubs (2001)

Scrubs - Medici ai primi ferri (Scrubs) (2001) è una serie televisiva di genere commedia drammatica creata da Bill Lawrence. Ambientata nel fittizio ospedale Sacro Cuore, la serie segue le vicende di un gruppo di giovani medici e il loro percorso di crescita professionale e personale. La serie è nota per il suo mix unico di umorismo, dramma e momenti surreali.

Il protagonista principale è John "J.D." Dorian, interpretato da Zach Braff, un giovane medico che inizia il suo tirocinio al Sacro Cuore. La serie è raccontata dal punto di vista di J.D., spesso utilizzando la voce fuori campo per esprimere i suoi pensieri e le sue riflessioni. Accanto a J.D. ci sono il suo migliore amico e collega, Christopher Turk (Donald Faison), e la dottoressa Elliot Reid (Sarah Chalke), con cui J.D. ha una relazione complicata.

Il cast di Scrubs include anche personaggi memorabili come il dottor Perry Cox (John C. McGinley), un mentore burbero ma con un cuore d'oro, e l'infermiera Carla Espinosa (Judy Reyes), che è sposata con Turk. La serie presenta anche il bizzarro e misterioso inserviente (Neil Flynn), che ha una relazione di amore-odio con J.D.

Scrubs è celebre per il suo tono comico e leggero, ma anche per la sua capacità di affrontare temi seri e commoventi con sensibilità e profondità. Ogni episodio bilancia momenti di puro divertimento con riflessioni sincere sulla vita, la morte, l'amicizia e l'amore. Le sequenze oniriche e le fantasie di J.D. aggiungono un elemento surreale e creativo alla narrazione, distinguendo la serie da altre commedie mediche.

La serie ha ricevuto numerosi premi e riconoscimenti, tra cui Emmy e Peabody Awards, ed è stata lodata per la sua scrittura brillante e le interpretazioni del cast. Scrubs è considerata una delle migliori serie televisive del suo genere, capace di far ridere e piangere gli spettatori nello stesso episodio.

In conclusione, Scrubs è una serie che ha saputo combinare in modo magistrale commedia e dramma, offrendo una visione toccante e divertente del mondo medico. Con personaggi indimenticabili, una narrazione innovativa e un perfetto equilibrio tra leggerezza e profondità, è una serie che continua a essere amata da fan di tutto il mondo.

55. Daredevil - Daredevil (2015)

Daredevil (2015) è una serie televisiva di supereroi basata sul personaggio della Marvel Comics creato da Stan Lee e Bill Everett. La serie è prodotta da Marvel Television in collaborazione con Netflix ed è parte del Marvel Cinematic Universe (MCU). La trama segue Matt Murdock, un avvocato cieco di giorno e vigilante mascherato di notte, che lotta per la giustizia nel quartiere di Hell's Kitchen a New York.

Matt Murdock, interpretato da Charlie Cox, ha perso la vista in un incidente da bambino, ma ha sviluppato sensi straordinariamente acuti che utilizza per combattere il crimine come Daredevil. Di giorno, Murdock lavora come avvocato insieme al suo migliore amico e socio, Foggy Nelson (Elden Henson), e alla loro assistente Karen Page (Deborah Ann Woll). Di notte, indossa il costume di Daredevil per proteggere Hell's Kitchen dai criminali.

La serie esplora i dilemmi morali e le lotte interiori di Murdock, che cerca di bilanciare la sua vita da avvocato e vigilante. La narrazione è ricca di tensione e dramma, con sequenze d'azione mozzafiato e coreografie di combattimento eccezionali. Daredevil affronta vari nemici, tra cui il potente e carismatico Wilson Fisk, noto anche come Kingpin, interpretato da Vincent D'Onofrio.

Daredevil è apprezzata per il suo tono oscuro e realistico, che differenzia la serie da altre produzioni di supereroi. La serie affronta temi come la giustizia, la vendetta, la fede e la redenzione, offrendo una rappresentazione complessa e sfumata dei personaggi. Le performance del cast, in particolare quella di Charlie Cox, sono state ampiamente elogiate.

La serie ha ricevuto numerosi riconoscimenti per la sua qualità di produzione, la scrittura e le interpretazioni. Ha contribuito a stabilire un nuovo standard per le serie televisive di supereroi, dimostrando che è possibile creare storie mature e coinvolgenti all'interno del genere.

In conclusione, Daredevil è una serie che ha ridefinito il genere dei supereroi in televisione, offrendo una narrazione intensa e personaggi complessi. Con un'ambientazione oscura, sequenze d'azione avvincenti e temi profondi, è una serie che ha conquistato un vasto pubblico e ha lasciato un'impronta duratura nell'universo televisivo.

56. Jessica Jones - Jessica Jones (2015)

Jessica Jones (2015) è una serie televisiva di genere dramma e supereroi basata sul personaggio della Marvel Comics creato da Brian Michael Bendis e Michael Gaydos. Prodotta da Marvel Television in collaborazione con Netflix, la serie è ambientata nello stesso universo di Daredevil e fa parte del Marvel Cinematic Universe (MCU).

La protagonista, Jessica Jones, interpretata da Krysten Ritter, è una ex supereroina che ha appeso il costume al chiodo per diventare una detective privata a New York. Jessica è una donna complessa, tormentata dal suo passato e dai traumi che ha subito. La serie esplora i suoi tentativi di ricostruire la sua vita e trovare un senso di normalità, mentre affronta demoni personali e nemici formidabili.

Uno degli antagonisti principali è Kilgrave, interpretato da David Tennant, un uomo con l'abilità di controllare la mente delle persone. Kilgrave ha un passato oscuro con Jessica e rappresenta una delle minacce più personali e psicologiche per la protagonista. La dinamica tra Jessica e Kilgrave è uno dei punti centrali della serie, offrendo momenti di tensione e dramma intensi.

Jessica Jones è nota per il suo tono maturo e per affrontare temi difficili come l'abuso, il trauma e la ricerca dell'identità. La serie è apprezzata per la sua rappresentazione realistica e sfumata dei personaggi, che sono complessi e imperfetti. Krysten Ritter offre una performance potente e sfaccettata, portando alla vita una Jessica Jones che è sia vulnerabile che forte.

La serie si distingue anche per il suo approccio noir e la sua atmosfera oscura, che la differenzia da altre produzioni di supereroi. La narrazione è avvincente e ben scritta, con un mix di azione, dramma e momenti di introspezione che mantengono gli spettatori coinvolti.

Jessica Jones ha ricevuto elogi dalla critica per la sua qualità di produzione, la scrittura e le interpretazioni del cast. La serie ha vinto numerosi premi e ha consolidato il suo posto come una delle migliori produzioni del Marvel Cinematic Universe.

In conclusione, Jessica Jones è una serie che ha saputo combinare elementi di dramma e supereroi in modo innovativo e coinvolgente. Con una protagonista complessa, temi profondi e una narrazione avvincente, è una serie che ha lasciato un segno nel panorama televisivo e ha offerto una rappresentazione unica e potente del genere dei supereroi.

57. Luke Cage - Luke Cage (2016)

Luke Cage (2016) è una serie televisiva di genere dramma e supereroi basata sul personaggio della Marvel Comics creato da Archie Goodwin, George Tuska, Roy Thomas e John Romita Sr. Prodotta da Marvel Television in collaborazione con Netflix, la serie è ambientata nello stesso universo di Daredevil e Jessica Jones, ed è parte del Marvel Cinematic Universe (MCU).

Il protagonista, Luke Cage, interpretato da Mike Colter, è un ex detenuto con una forza sovrumana e una pelle indistruttibile, ottenute a seguito di un esperimento scientifico andato storto. Dopo gli eventi di Jessica Jones, Luke si stabilisce ad Harlem, New York, cercando di vivere una vita tranquilla e anonima. Tuttavia, il suo desiderio di giustizia e la necessità di proteggere la sua comunità lo portano a diventare un eroe riluttante.

Luke Cage esplora temi come la giustizia sociale, la corruzione e l'identità afroamericana, utilizzando Harlem come sfondo culturale ricco e vibrante. La serie affronta le dinamiche di potere e le sfide affrontate dalla comunità afroamericana, offrendo una narrazione che è sia avvincente che rilevante dal punto di vista sociale.

Il cast di supporto di Luke Cage è composto da personaggi memorabili, tra cui la consigliera comunale Mariah Dillard (Alfre Woodard), il gangster Cornell "Cottonmouth" Stokes (Mahershala Ali) e l'infermiera Claire Temple (Rosario Dawson). Ogni personaggio aggiunge profondità e complessità alla trama, contribuendo a creare un mondo ricco e dettagliato.

La serie è nota per la sua colonna sonora eccezionale, che combina jazz, blues, soul e hip-hop, riflettendo l'eredità culturale di Harlem. La musica gioca un ruolo fondamentale nell'atmosfera della serie, arricchendo l'esperienza visiva e emotiva.

Luke Cage è stata acclamata per la sua rappresentazione realistica e potente dei temi sociali, oltre che per le performance del cast. Mike Colter offre una performance carismatica e convincente nel ruolo di Luke Cage, portando alla vita un personaggio complesso e sfaccettato.

La serie ha ricevuto numerosi elogi dalla critica e ha consolidato il suo posto come una delle produzioni di punta del Marvel Cinematic Universe su Netflix. Ha anche aperto la strada a ulteriori esplorazioni dei personaggi di Harlem e delle loro storie all'interno dell'universo Marvel.

In conclusione, Luke Cage è una serie che ha saputo combinare elementi di dramma, azione e tematiche sociali in modo avvincente e significativo. Con un protagonista forte, una narrazione ricca e una colonna sonora memorabile, è una serie che ha lasciato un'impronta duratura nel panorama televisivo.

58. The Punisher - The Punisher (2017)

The Punisher (2017) è una serie televisiva di genere dramma e azione basata sul personaggio della Marvel Comics creato da Gerry Conway, John Romita Sr. e Ross Andru. Prodotta da Marvel Television in collaborazione con Netflix, la serie è uno spin-off di Daredevil e fa parte del Marvel Cinematic Universe (MCU).

Il protagonista, Frank Castle, interpretato da Jon Bernthal, è un ex marine che intraprende una violenta crociata contro il crimine dopo l'omicidio della sua famiglia. Frank assume l'identità del Punitore, un vigilante determinato a eliminare i criminali con metodi brutali e spesso letali. La serie esplora il passato tormentato di Frank e le sue motivazioni, offrendo una rappresentazione oscura e intensa della sua ricerca di vendetta e giustizia.

The Punisher affronta temi come il trauma, la vendetta, la corruzione e le conseguenze della violenza. La narrazione è caratterizzata da sequenze d'azione intense e realistiche, che riflettono la brutalità e la determinazione del protagonista. La serie non esita a mostrare gli effetti devastanti della violenza, sia su Frank che sui suoi nemici, offrendo una visione cruda e realistica del mondo del Punitore.

Il cast di supporto include personaggi come Micro (Ebon Moss-Bachrach), un esperto di tecnologia che diventa alleato di Frank, e Dinah Madani (Amber Rose Revah), un'agente della Homeland Security che cerca di catturare il Punitore. La dinamica tra Frank e questi personaggi aggiunge profondità alla trama, esplorando le relazioni complesse e le alleanze instabili.

The Punisher è stata acclamata per la performance di Jon Bernthal, che offre una rappresentazione potente e sfaccettata di Frank Castle. La serie è apprezzata anche per la sua scrittura intensa e per la capacità di affrontare temi difficili con sensibilità e realismo.

La serie ha ricevuto numerosi elogi dalla critica e ha consolidato il suo posto come una delle produzioni di punta del Marvel Cinematic Universe su Netflix. Ha dimostrato che è possibile creare una narrazione avvincente e complessa all'interno del genere dei supereroi, mantenendo un tono serio e maturo.

In conclusione, The Punisher è una serie che ha saputo combinare elementi di dramma e azione in modo avvincente e significativo. Con un protagonista complesso, una narrazione intensa e sequenze d'azione mozzafiato, è una serie che ha lasciato un'impronta duratura nel panorama televisivo.

59. The Defenders - The Defenders (2017)

The Defenders (2017) è una miniserie televisiva di genere supereroi prodotta da Marvel Television in collaborazione con Netflix. La serie riunisce i protagonisti di quattro serie precedenti del Marvel Cinematic Universe (MCU) su Netflix: Daredevil, Jessica Jones, Luke Cage e Iron Fist, interpretati rispettivamente da Charlie Cox, Krysten Ritter, Mike Colter e Finn Jones.

La trama segue i quattro eroi mentre uniscono le forze per affrontare una minaccia comune: l'organizzazione criminale nota come la Mano, guidata dalla misteriosa Alexandra Reid, interpretata da Sigourney Weaver. Nonostante le loro differenze e i conflitti personali, Daredevil, Jessica Jones, Luke Cage e Iron Fist devono collaborare per salvare New York da un complotto che minaccia la città.

The Defenders esplora le dinamiche tra i personaggi, ciascuno con il proprio background e le proprie motivazioni. Daredevil è un vigilante tormentato dalla sua doppia vita, Jessica Jones è una detective privata che cerca di superare i traumi del passato, Luke Cage è un eroe riluttante che lotta per la giustizia sociale, e Iron Fist è un giovane miliardario addestrato nelle arti marziali che cerca di trovare il proprio posto nel mondo.

La serie è nota per il suo tono oscuro e realistico, che riflette lo stile delle serie individuali dei personaggi. The Defenders offre sequenze d'azione avvincenti e coreografie di combattimento ben realizzate, mantenendo un alto livello di tensione e dramma.

Il cast di supporto include personaggi ricorrenti delle serie precedenti, come Claire Temple (Rosario Dawson), Elektra Natchios (Élodie Yung) e Misty Knight (Simone Missick), che contribuiscono ad arricchire la trama e le relazioni tra i protagonisti.

The Defenders ha ricevuto recensioni positive per la sua capacità di unire i diversi personaggi e le loro storie in modo coeso e coinvolgente. La serie è stata lodata per la chimica tra i membri del cast principale e per la qualità delle interpretazioni.

In conclusione, The Defenders è una miniserie che ha saputo combinare elementi di azione, dramma e supereroi in modo avvincente. Con un cast eccezionale, una narrazione intensa e sequenze d'azione emozionanti, è una serie che ha offerto una conclusione soddisfacente alle trame individuali dei personaggi, consolidando il suo posto nel Marvel Cinematic Universe.

60. Alias - Alias (2001)

Alias (2001) è una serie televisiva di genere spionaggio e azione creata da J.J. Abrams. La serie segue le vicende di Sydney Bristow, interpretata da Jennifer Garner, una giovane studentessa che lavora come agente segreto per un'agenzia di spionaggio chiamata SD-6, che crede essere una divisione segreta della CIA.

Sydney scopre presto che SD-6 è in realtà una cellula terroristica, e decide di diventare un agente doppio lavorando per la vera CIA, sotto la supervisione del suo superiore, il dottor Jack Bristow, interpretato da Victor Garber, che è anche suo padre. La serie esplora le missioni pericolose di Sydney, le sue lotte personali e le complicate dinamiche familiari.

Alias è nota per la sua narrazione avvincente, piena di colpi di scena, segreti e tradimenti. Ogni episodio combina azione intensa, intrighi e dramma emotivo, mantenendo gli spettatori costantemente in tensione. La serie utilizza un mix di alta tecnologia, missioni internazionali e complotti globali, creando un mondo ricco di misteri e pericoli.

Il cast di supporto di Alias include personaggi memorabili come Michael Vaughn (Michael Vartan), il contatto della CIA di Sydney e interesse amoroso, e Arvin Sloane (Ron Rifkin), il carismatico ma spietato leader di SD-6. La serie presenta anche altri agenti e operativi che aggiungono profondità e complessità alla trama.

Alias è stata acclamata per la performance di Jennifer Garner, che ha vinto un Golden Globe per il suo ruolo. La serie è stata lodata per la sua scrittura intelligente, le scene d'azione ben coreografate e le trame avvincenti. La combinazione di dramma familiare e intrighi di spionaggio ha reso Alias una delle serie più popolari e influenti del suo genere.

In conclusione, Alias è una serie che ha saputo combinare elementi di spionaggio, azione e dramma in modo magistrale. Con una protagonista forte e determinata, una narrazione ricca di suspense e personaggi complessi, è una serie che ha lasciato un'impronta duratura nel panorama televisivo.

61. Fringe - Fringe (2008)

Fringe (2008) è una serie televisiva di fantascienza creata da J.J. Abrams, Alex Kurtzman e Roberto Orci. La serie segue le vicende dell'unità Fringe dell'FBI, un gruppo speciale incaricato di indagare su fenomeni paranormali e inspiegabili. La squadra è guidata dall'agente dell'FBI Olivia Dunham, interpretata da Anna Torv, e comprende il brillante ma eccentrico scienziato Walter Bishop, interpretato da John Noble, e suo figlio Peter Bishop, interpretato da Joshua Jackson.

Il punto di partenza della serie è un incidente aereo che coinvolge una strana sostanza biologica. Olivia Dunham si trova costretta a chiedere l'aiuto di Walter Bishop, rinchiuso in un istituto psichiatrico, e di suo figlio Peter per risolvere il caso. Questo è solo l'inizio di una serie di indagini che porteranno il team a scoprire un complesso intreccio di cospirazioni e realtà alternative.

Fringe esplora temi come la scienza di frontiera, la teoria del multiverso, la tecnologia avanzata e le conseguenze etiche delle sperimentazioni scientifiche. Ogni episodio presenta un caso autoconclusivo, ma c'è anche una trama orizzontale che si sviluppa lungo le stagioni, centrata sulle misteriose "Osservatori" e sul concetto di realtà parallele.

La serie è nota per la sua capacità di combinare elementi di thriller, dramma e fantascienza, mantenendo un equilibrio tra narrazione episodica e sviluppo della trama principale. Le performance del cast sono state ampiamente elogiate, in particolare quella di John Noble nel ruolo del tormentato e geniale Walter Bishop, che riesce a trasmettere sia il dolore che la meraviglia della scoperta scientifica.

La narrazione di Fringe è arricchita da effetti speciali di alta qualità e da una regia attenta ai dettagli. La serie utilizza un approccio visivo distintivo, con titoli di apertura creativi che cambiano in base al contesto della puntata, contribuendo a creare un'atmosfera immersiva e coinvolgente.

Fringe ha ricevuto numerosi premi e riconoscimenti, diventando una serie di culto per gli appassionati di fantascienza. La sua capacità di affrontare questioni scientifiche complesse attraverso storie avvincenti e personaggi ben sviluppati ha conquistato una vasta audience e ha influenzato molte altre produzioni televisive nel genere.

In conclusione, Fringe è una serie che ha saputo distinguersi per la sua innovativa combinazione di fantascienza, mistero e dramma. Con una trama intricata, personaggi memorabili e un approccio audace alla narrazione, è una serie che continua a essere apprezzata e studiata per la sua capacità di esplorare i confini della scienza e della realtà.

62. Smallville - Smallville (2001)

Smallville (2001) è una serie televisiva di genere avventura e dramma creata da Alfred Gough e Miles Millar. La serie racconta la storia di un giovane Clark Kent, interpretato da Tom Welling, prima che diventasse Superman. Ambientata nella fittizia cittadina di Smallville, Kansas, la serie esplora gli anni formativi di Clark, le sue scoperte sui propri poteri e le sue prime battaglie contro il male.

La trama di Smallville inizia con la pioggia di meteoriti che porta il piccolo Kal-El sulla Terra, adottato dalla famiglia Kent. Crescendo, Clark scopre di avere abilità straordinarie, come super forza, velocità e invulnerabilità, ma deve anche fare i conti con i segreti del suo passato alieno e con il compito di proteggere i suoi cari da vari pericoli.

Un tema centrale della serie è l'amicizia complicata tra Clark Kent e Lex Luthor, interpretato da Michael Rosenbaum. Lex, figlio di un miliardario senza scrupoli, inizia come amico di Clark, ma la loro relazione si deteriora gradualmente, segnando il destino di entrambi i personaggi. La serie esplora anche le relazioni di Clark con Lana Lang (Kristin Kreuk), il suo primo amore, e Lois Lane (Erica Durance), che diventerà la sua futura partner.

Smallville è nota per il suo approccio a lungo termine allo sviluppo dei personaggi e per l'introduzione di vari elementi del folklore di Superman, inclusi altri eroi e villain della DC Comics. Ogni stagione presenta nuove sfide per Clark, sia personali che eroiche, con un equilibrio tra la vita scolastica e la lotta contro minacce straordinarie.

La serie si distingue per la sua attenzione ai dettagli nella costruzione del mondo e per le performance del cast. Tom Welling è apprezzato per il suo ritratto di un Clark Kent giovane e vulnerabile, mentre Michael Rosenbaum offre una performance convincente come Lex Luthor, rendendolo uno dei villain più complessi e affascinanti della televisione.

Smallville ha ricevuto numerosi premi e riconoscimenti durante la sua messa in onda, e ha costruito un seguito di fan devoti. La serie ha avuto un impatto significativo sul modo in cui i personaggi dei fumetti vengono adattati per la televisione, dimostrando che le storie di supereroi possono essere sviluppate in modo approfondito e continuativo su piccoli schermi.

In conclusione, Smallville è una serie che ha saputo reinventare le origini di Superman in modo fresco e avvincente. Con una narrazione che combina dramma adolescenziale e avventure eroiche, e personaggi ricchi e sfaccettati, è una serie che ha lasciato un segno duraturo nell'universo delle serie TV di supereroi.

63. Gilmore Girls - Una mamma per amica - Gilmore Girls (2000)

Gilmore Girls - Una mamma per amica (Gilmore Girls) (2000) è una serie televisiva di genere dramedy creata da Amy Sherman-Palladino. Ambientata nella pittoresca cittadina di Stars Hollow, la serie segue le vite di Lorelai Gilmore, interpretata da Lauren Graham, e sua figlia Rory, interpretata da Alexis Bledel. La serie è conosciuta per i suoi dialoghi rapidi e brillanti, le sue dinamiche familiari complesse e il suo mix di commedia e dramma.

Lorelai Gilmore è una madre single indipendente e spiritosa che ha avuto Rory a sedici anni. La serie esplora la loro stretta relazione mentre affrontano le sfide della vita quotidiana, dalle difficoltà finanziarie alle questioni amorose e scolastiche. Rory è una studentessa brillante e ambiziosa, determinata a entrare in una prestigiosa università, e la sua dedizione agli studi è una delle trame centrali della serie.

Un tema ricorrente in Gilmore Girls è il contrasto tra Lorelai e i suoi genitori, Richard (Edward Herrmann) ed Emily Gilmore (Kelly Bishop), che sono parte dell'alta società e disapprovano alcune delle scelte di vita di Lorelai. Nonostante le tensioni, Richard ed Emily offrono spesso supporto finanziario a Lorelai e Rory, creando una dinamica familiare complessa e affascinante.

La serie è arricchita da un cast di personaggi secondari memorabili, ognuno dei quali contribuisce a creare l'atmosfera unica di Stars Hollow. Tra questi ci sono Sookie St. James (Melissa McCarthy), la migliore amica e collega di Lorelai, Luke Danes (Scott Patterson), il proprietario del locale diner e interesse amoroso di Lorelai, e Lane Kim (Keiko Agena), la migliore amica di Rory.

Gilmore Girls è apprezzata per la sua rappresentazione sincera e realistica delle relazioni familiari e delle amicizie. I dialoghi sono una delle caratteristiche distintive della serie, noti per essere intelligenti, veloci e ricchi di riferimenti culturali. La serie affronta temi universali come l'amore, l'amicizia, la crescita personale e il rapporto genitori-figli con un tocco di umorismo e cuore.

La serie ha ricevuto numerosi premi e riconoscimenti, tra cui Emmy e Critics' Choice Awards, e ha costruito un seguito di fan devoti. Gilmore Girls ha avuto un impatto duraturo sulla cultura popolare, influenzando molte altre serie televisive e diventando un punto di riferimento per le narrazioni familiari.

In conclusione, Gilmore Girls - Una mamma per amica è una serie che ha saputo conquistare il pubblico con il suo mix unico di commedia e dramma, dialoghi brillanti e personaggi indimenticabili. È una celebrazione delle relazioni familiari e delle amicizie, raccontata con intelligenza, cuore e un senso di comunità che rende Stars Hollow un luogo speciale per molti spettatori.

64. Downton Abbey - Downton Abbey (2010)

Downton Abbey (2010) è una serie televisiva di genere dramma storico creata da Julian Fellowes. Ambientata nell'Inghilterra edoardiana e georgiana, la serie segue le vite della famiglia Crawley e del loro personale di servizio nella magnifica tenuta di Downton Abbey. La serie è nota per la sua attenzione ai dettagli storici, le trame intricate e i personaggi complessi.

La storia inizia nel 1912, con l'affondamento del Titanic, evento che ha un impatto diretto sulla famiglia Crawley, poiché l'erede della tenuta muore nel disastro. Questo incidente porta alla ribalta la questione della successione, con il nuovo erede, Matthew Crawley, un lontano cugino e avvocato di classe media, che viene introdotto nella famiglia. La sua presenza e il suo rapporto con la famiglia aristocratica sono una delle trame principali della serie.

Il cast di Downton Abbey include attori di grande talento come Hugh Bonneville nel ruolo di Robert Crawley, conte di Grantham, e Michelle Dockery come Lady Mary Crawley, la figlia maggiore. La serie esplora le dinamiche tra i membri della famiglia e il personale di servizio, tra cui il maggiordomo Mr. Carson (Jim Carter) e la governante Mrs. Hughes (Phyllis Logan), ognuno con le proprie storie e segreti.

Downton Abbey è apprezzata per la sua rappresentazione accurata della società britannica dell'epoca, con particolare attenzione ai cambiamenti sociali, politici e tecnologici che hanno segnato i primi decenni del XX secolo. La serie affronta temi come la guerra, la crisi economica, l'emancipazione delle donne e le tensioni di classe, offrendo un quadro ricco e sfumato dell'epoca.

La produzione di Downton Abbey è di altissimo livello, con scenografie, costumi e ambientazioni che catturano l'eleganza e lo splendore della vita aristocratica. La tenuta di Highclere Castle, utilizzata come location principale, è diventata iconica grazie alla serie.

Downton Abbey ha ricevuto numerosi premi e riconoscimenti, tra cui Emmy, Golden Globe e BAFTA. La serie ha conquistato un vasto pubblico internazionale e ha influenzato molte altre produzioni televisive e cinematografiche nel genere storico.

In conclusione, Downton Abbey è una serie che ha saputo combinare dramma, storia e relazioni umane in modo magistrale. Con una narrazione avvincente, personaggi indimenticabili e una rappresentazione dettagliata dell'epoca, è una serie che continua a essere amata e apprezzata da spettatori di tutto il mondo.

65. True Blood - True Blood (2008)

True Blood (2008) è una serie televisiva di genere dramma e fantasy creata da Alan Ball, basata sulla serie di romanzi "The Southern Vampire Mysteries" di Charlaine Harris. Ambientata nella fittizia cittadina di Bon Temps, Louisiana, la serie esplora un mondo in cui i vampiri sono usciti allo scoperto e cercano di integrarsi nella società umana grazie a un sostituto sintetico del sangue chiamato "True Blood".

La protagonista della serie è Sookie Stackhouse, interpretata da Anna Paquin, una cameriera telepatica che si innamora del vampiro Bill Compton, interpretato da Stephen Moyer. La relazione tra Sookie e Bill è al centro della trama, ma la serie introduce anche una vasta gamma di personaggi soprannaturali, tra cui altri vampiri, licantropi, streghe e fate.

True Blood affronta temi come l'integrazione, il pregiudizio, l'identità e la sessualità, utilizzando il mondo dei vampiri come metafora per esplorare questioni sociali contemporanee. La serie è nota per il suo tono audace e spesso provocatorio, con una combinazione di dramma intenso, horror e umorismo nero.

Il cast di supporto di True Blood include attori come Alexander Skarsgård nel ruolo del carismatico vampiro Eric Northman, Rutina Wesley come Tara Thornton, la migliore amica di Sookie, e Nelsan Ellis come Lafayette Reynolds, un cuoco omosessuale e spacciatore di droga. Ogni personaggio aggiunge profondità e complessità alla trama, contribuendo a creare un mondo ricco e dettagliato.

True Blood è apprezzata per la sua scrittura intelligente e la capacità di bilanciare elementi soprannaturali con storie umane e relazioni autentiche. La serie ha ricevuto numerosi premi e riconoscimenti, tra cui Golden Globe e Emmy, ed è diventata un fenomeno culturale grazie alla sua rappresentazione unica e avvincente del mondo dei vampiri.

La produzione di True Blood è di alto livello, con effetti speciali ben realizzati e una colonna sonora evocativa che cattura l'atmosfera oscura e sensuale della serie. La rappresentazione della Louisiana e delle sue tradizioni culturali aggiunge ulteriore autenticità e fascino alla narrazione.

In conclusione, True Blood è una serie che ha saputo combinare dramma, horror e fantasy in modo innovativo e coinvolgente. Con personaggi complessi, una narrazione audace e temi rilevanti, è una serie che ha lasciato un'impronta duratura nel panorama televisivo e continua a essere amata da fan di tutto il mondo.

66. House - Dr. House - Medical Division - House (2004)

House - Dr. House - Medical Division (House) (2004) è una serie televisiva di genere dramma medico creata da David Shore. La serie segue le vicende del dottor Gregory House, interpretato da Hugh Laurie, un medico diagnostico brillante ma antisociale che lavora al Princeton-Plainsboro Teaching Hospital nel New Jersey. La serie è nota per il suo protagonista cinico e irriverente, i casi medici complessi e la sua capacità di combinare dramma e umorismo.

Il dottor House è un medico eccentrico e misantropo, famoso per le sue abilità diagnostiche straordinarie e il suo metodo non convenzionale. House è dipendente dal vicodin a causa di un dolore cronico alla gamba, che ha influenzato profondamente il suo carattere e le sue relazioni con colleghi e pazienti. Nonostante il suo comportamento spesso sgradevole, House è dedicato a risolvere i casi medici più complicati e misteriosi.

Il team di House include il dottor Eric Foreman (Omar Epps), il dottor Robert Chase (Jesse Spencer) e la dottoressa Allison Cameron (Jennifer Morrison), che lavorano insieme a lui per diagnosticare e trattare i pazienti. La serie esplora anche le dinamiche tra House e il suo amico e oncologo, il dottor James Wilson (Robert Sean Leonard), e la direttrice dell'ospedale, la dottoressa Lisa Cuddy (Lisa Edelstein).

House è apprezzata per la sua rappresentazione realistica e dettagliata dei casi medici, spesso ispirati a situazioni reali e rari disturbi. Ogni episodio segue un formato investigativo, con il team che lavora per identificare la malattia del paziente attraverso una serie di test, ipotesi e trattamenti, spesso con risultati sorprendenti.

La serie è stata acclamata per la performance eccezionale di Hugh Laurie, che ha vinto numerosi premi, tra cui due Golden Globe, per il suo ruolo di Gregory House. La scrittura brillante, i dialoghi incisivi e l'equilibrio tra dramma e commedia hanno contribuito al successo duraturo della serie.

House ha ricevuto numerosi riconoscimenti, tra cui premi Emmy e Peabody, ed è considerata una delle migliori serie televisive del suo genere. La serie ha avuto un impatto significativo sulla televisione medica, influenzando molte altre produzioni con il suo approccio innovativo e il suo protagonista indimenticabile.

In conclusione, House - Dr. House - Medical Division è una serie che ha saputo combinare in modo magistrale casi medici complessi, un protagonista carismatico e una narrazione avvincente. Con una performance straordinaria di Hugh Laurie e una scrittura intelligente, è una serie che continua a essere apprezzata e ricordata come un punto di riferimento nel panorama televisivo.

67. Boardwalk Empire - L'impero del crimine - Boardwalk Empire (2010)

Boardwalk Empire - L'impero del crimine (Boardwalk Empire) (2010) è una serie televisiva di genere dramma storico creata da Terence Winter e prodotta da Martin Scorsese. Ambientata negli anni '20 durante il proibizionismo, la serie racconta le vicende di Enoch "Nucky" Thompson, interpretato da Steve Buscemi, un influente politico e contrabbandiere che controlla Atlantic City, New Jersey.

La trama di Boardwalk Empire inizia con l'entrata in vigore del proibizionismo, un'epoca in cui la produzione e la vendita di alcolici diventano illegali negli Stati Uniti. Nucky Thompson, tesoriere della contea di Atlantic, sfrutta questa opportunità per costruire un impero criminale, orchestrando il contrabbando di alcolici e stringendo alleanze con mafiosi e politici.

Il cast di Boardwalk Empire è composto da attori di grande talento, tra cui Kelly Macdonald nel ruolo di Margaret Schroeder, una giovane vedova che diventa l'interesse amoroso di Nucky, e Michael Pitt come Jimmy Darmody, un giovane veterano della Prima Guerra Mondiale e protetto di Nucky. La serie presenta anche personaggi storici come Al Capone (Stephen Graham), Arnold Rothstein (Michael Stuhlbarg) e Lucky Luciano (Vincent Piazza), intrecciando finzione e realtà storica in modo avvincente.

Boardwalk Empire è acclamata per la sua rappresentazione dettagliata e autentica dell'epoca del proibizionismo, con scenografie, costumi e ambientazioni che catturano l'essenza degli anni '20. La serie esplora temi come il potere, la corruzione, la moralità e le conseguenze del crimine, offrendo una narrazione ricca e complessa.

La serie è nota anche per la sua produzione di altissimo livello, con una regia raffinata e una fotografia evocativa. Martin Scorsese ha diretto l'episodio pilota, stabilendo un tono visivo e narrativo che ha influenzato l'intera serie. La colonna sonora, che include musica jazz e blues dell'epoca, aggiunge ulteriori strati di autenticità e atmosfera.

Boardwalk Empire ha ricevuto numerosi premi e riconoscimenti, tra cui Golden Globe e Emmy Awards, ed è considerata una delle migliori serie drammatiche del suo tempo. La performance di Steve Buscemi è stata ampiamente lodata, così come la scrittura e la qualità della produzione.

In conclusione, Boardwalk Empire - L'impero del crimine è una serie che ha saputo combinare storia, dramma e azione in modo magistrale. Con una narrazione avvincente, personaggi complessi e una rappresentazione autentica dell'epoca del proibizionismo, è una serie che continua a essere apprezzata per la sua qualità e il suo impatto culturale.

68. Deadwood - Deadwood (2004)

Deadwood (2004) è una serie televisiva di genere western creata da David Milch. Ambientata negli anni '70 del XIX secolo nella città di Deadwood, South Dakota, la serie offre un ritratto crudo e realistico della vita nel selvaggio West, esplorando le dinamiche di potere, la criminalità e la lotta per la sopravvivenza in una città senza legge.

La trama di Deadwood inizia con l'arrivo di Seth Bullock, interpretato da Timothy Olyphant, un ex sceriffo che si stabilisce a Deadwood per aprire un negozio di ferramenta con il suo amico Sol Star (John Hawkes). Bullock si trova presto coinvolto nelle complesse dinamiche della città, dominata dal carismatico e spietato Al Swearengen, interpretato da Ian McShane, proprietario del saloon e bordello Gem.

Deadwood è nota per la sua rappresentazione autentica e dettagliata della vita nel West, con dialoghi ricchi e coloriti che mescolano linguaggio volgare e poetico. La serie esplora temi come la legge e l'ordine, la moralità, l'avidità e la costruzione della civiltà in un ambiente ostile e selvaggio.

Il cast di Deadwood è composto da attori di grande talento, con Ian McShane che offre una performance memorabile nel ruolo di Al Swearengen, un personaggio complesso che combina brutalità e astuzia con momenti di vulnerabilità. Timothy Olyphant interpreta Seth Bullock con una presenza forte e determinata, mentre altri membri del cast, come Molly Parker nel ruolo di Alma Garret e Brad Dourif come Doc Cochran, aggiungono profondità e sfumature alla narrazione.

Deadwood è acclamata per la sua scrittura brillante e la sua capacità di creare un mondo vivido e credibile. La serie è stata lodata per la sua attenzione ai dettagli storici e la sua rappresentazione realistica delle difficoltà e delle sfide affrontate dai pionieri e dagli abitanti del West.

La produzione di Deadwood è di altissimo livello, con scenografie, costumi e ambientazioni che catturano l'essenza del periodo storico. La serie ha ricevuto numerosi premi e riconoscimenti, tra cui Emmy Awards e Golden Globe, ed è considerata una delle migliori serie televisive di tutti i tempi.

In conclusione, Deadwood è una serie che ha saputo combinare dramma, storia e azione in modo magistrale. Con una narrazione avvincente, personaggi complessi e una rappresentazione autentica del selvaggio West, è una serie che continua a essere apprezzata per la sua qualità e il suo impatto culturale.

69. Rome - Rome (2005)

Rome (2005) è una serie televisiva di genere dramma storico creata da John Milius, William J. MacDonald e Bruno Heller. Ambientata nell'antica Roma durante il passaggio dalla Repubblica all'Impero, la serie offre una rappresentazione dettagliata e avvincente degli eventi storici attraverso gli occhi di due soldati romani, Lucius Vorenus (Kevin McKidd) e Titus Pullo (Ray Stevenson).

La trama di Rome inizia nel 52 a.C., con il ritorno di Giulio Cesare (Ciarán Hinds) a Roma dopo la sua vittoriosa campagna in Gallia. La serie esplora le complesse dinamiche politiche, sociali e personali dell'epoca, mostrando le lotte di potere tra Cesare, Pompeo, Bruto, e altri personaggi storici chiave. Vorenus e Pullo, due soldati leali ma con personalità contrastanti, si trovano spesso al centro degli eventi storici, offrendo una prospettiva unica e umana sugli avvenimenti.

Rome è acclamata per la sua rappresentazione autentica e dettagliata dell'antica Roma, con scenografie, costumi e ambientazioni che ricreano fedelmente il mondo romano. La serie esplora temi come l'onore, la lealtà, l'ambizione e la corruzione, offrendo una narrazione ricca e sfumata.

Il cast di Rome è composto da attori di grande talento, con Kevin McKidd e Ray Stevenson che offrono performance potenti e convincenti nei ruoli di Vorenus e Pullo. Ciarán Hinds interpreta Giulio Cesare con autorità e carisma, mentre Polly Walker è memorabile nel ruolo di Atia, la manipolativa madre di Ottaviano.

Rome è nota anche per la sua rappresentazione esplicita della violenza, della sessualità e della brutalità della vita nell'antica Roma, offrendo una visione cruda e realistica dell'epoca. La serie è stata lodata per la sua scrittura brillante, i dialoghi incisivi e la capacità di intrecciare storie personali con eventi storici di grande portata.

La produzione di Rome è di altissimo livello, con una cura meticolosa dei dettagli storici e una rappresentazione visiva che cattura l'essenza del periodo. La serie ha ricevuto numerosi premi e riconoscimenti, tra cui Emmy Awards, ed è considerata una delle migliori serie storiche mai realizzate.

In conclusione, Rome è una serie che ha saputo combinare dramma storico, azione e narrazione avvincente in modo magistrale. Con personaggi complessi, una rappresentazione autentica dell'antica Roma e una narrazione ricca e sfumata, è una serie che continua a essere apprezzata e ricordata come un capolavoro della televisione.

70. Spartacus - Spartacus (2010)

Spartacus (2010) è una serie televisiva di genere dramma storico e azione creata da Steven S. DeKnight. La serie racconta la storia di Spartacus, un gladiatore trace che guidò una rivolta contro la Repubblica Romana. Conosciuta per la sua rappresentazione esplicita della violenza, della sessualità e della brutalità della vita nell'antica Roma, la serie ha conquistato un vasto pubblico grazie alla sua narrazione intensa e viscerale.

La trama di Spartacus inizia con il protagonista, interpretato da Andy Whitfield, tradito dai Romani e costretto a diventare un gladiatore. Spartacus lotta per sopravvivere nell'arena, guadagnandosi la fama e pianificando la sua vendetta contro coloro che lo hanno ridotto in schiavitù. La serie esplora le sue relazioni con altri gladiatori, il suo amore per la moglie perduta e la sua crescente determinazione a liberare i suoi compagni schiavi.

La serie è divisa in diverse stagioni, ciascuna con un sottotitolo che riflette l'arco narrativo principale: Spartacus: Blood and Sand, Spartacus: Gods of the Arena (una serie prequel), Spartacus: Vengeance e Spartacus: War of the Damned. Ogni stagione approfondisce la storia di Spartacus e dei suoi alleati, mostrando la loro lotta contro l'oppressione e la loro determinazione a conquistare la libertà.

Spartacus è nota per il suo stile visivo distintivo, con sequenze d'azione coreografate in modo spettacolare e un uso creativo degli effetti visivi. La serie utilizza un'estetica che ricorda i fumetti e i videogiochi, con colori saturi e un'attenzione ai dettagli che esalta la brutalità e l'epicità delle battaglie.

Il cast di Spartacus include attori di grande talento, con Andy Whitfield che offre una performance potente e carismatica nel ruolo del protagonista. Dopo la tragica morte di Whitfield, il ruolo di Spartacus è stato assunto da Liam McIntyre, che ha continuato a portare avanti la storia con intensità e dedizione. Altri membri del cast, come John Hannah nel ruolo del crudele Batiatus e Lucy Lawless come Lucretia, aggiungono profondità e complessità alla narrazione.

Spartacus esplora temi come la libertà, la vendetta, la lealtà e la lotta contro l'oppressione, offrendo una narrazione che è tanto emotiva quanto viscerale. La serie è stata acclamata per la sua scrittura avvincente, le interpretazioni forti e la sua capacità di bilanciare spettacolarità e dramma. In conclusione, Spartacus è una serie che ha saputo combinare dramma storico, azione e narrazione epica in modo magistrale. Con personaggi indimenticabili, una rappresentazione visivamente sorprendente dell'antica Roma e una narrazione intensa e coinvolgente, è una serie che continua a essere apprezzata per la sua qualità e il suo impatto emotivo.

71. Broad City - Broad City (2014)

Broad City (2014) è una serie televisiva di genere commedia creata e interpretata da Ilana Glazer e Abbi Jacobson. La serie segue le avventure di due migliori amiche, Ilana e Abbi, che vivono a New York City e affrontano le sfide quotidiane con un mix di umorismo, spirito e caos.

La trama di Broad City si concentra sulla vita di Ilana Wexler (Ilana Glazer) e Abbi Abrams (Abbi Jacobson), due ventenni che cercano di trovare il loro posto nel mondo. Ilana è una ragazza spensierata e senza filtri, sempre alla ricerca di divertimento e avventure, mentre Abbi è più riservata e cerca di realizzare i suoi sogni di diventare un'artista, lavorando nel frattempo come addetta alle pulizie in una palestra.

La serie è nota per il suo umorismo irriverente e per la sua rappresentazione autentica dell'amicizia femminile. Ogni episodio presenta una nuova avventura o sfida, spesso assurda e sopra le righe, ma sempre radicata nelle esperienze quotidiane di Ilana e Abbi. La loro dinamica è il cuore della serie, con Ilana che spinge Abbi fuori dalla sua zona di comfort e Abbi che cerca di mantenere un minimo di normalità nella loro vita caotica.

Broad City esplora temi come la sessualità, l'identità, l'indipendenza e la vita di città, offrendo una rappresentazione fresca e genuina delle giovani donne moderne. La serie affronta anche questioni sociali e culturali con un tono leggero ma consapevole, utilizzando la commedia per commentare su argomenti come il femminismo, le relazioni e le sfide economiche.

Il cast di supporto di Broad City include personaggi memorabili come Lincoln Rice (Hannibal Buress), il fidanzato di Ilana, e Trey Pucker (Paul W. Downs), il capo di Abbi. Questi personaggi aggiungono ulteriore profondità e umorismo alla serie, contribuendo a creare un mondo ricco e variegato.

La serie è stata acclamata dalla critica per la sua scrittura brillante, le performance energetiche di Glazer e Jacobson e la sua capacità di rappresentare in modo autentico e divertente la vita delle giovani donne. Broad City ha ricevuto numerosi premi e riconoscimenti, diventando una delle commedie più apprezzate e influenti degli ultimi anni.

In conclusione, Broad City è una serie che ha saputo catturare lo spirito della vita urbana e dell'amicizia femminile con umorismo, cuore e autenticità. Con personaggi indimenticabili, situazioni comiche e una narrazione che celebra la libertà e la spontaneità, è una serie che continua a essere amata da fan di tutto il mondo.

72. Gomorra - Gomorrah (2014)

Gomorra (2014) è una serie televisiva di genere crime drama basata sull'omonimo libro di Roberto Saviano. La serie offre uno sguardo crudo e realistico sulla vita della camorra, la potente organizzazione criminale napoletana, esplorando le dinamiche di potere, la violenza e le lotte interne tra i vari clan.

La trama di Gomorra segue le vicende del clan Savastano, guidato dal temuto boss Pietro Savastano (Fortunato Cerlino). La storia si concentra anche su Ciro Di Marzio (Marco D'Amore), uno dei luogotenenti più fidati di Savastano, e sulla giovane promessa del clan, Gennaro "Genny" Savastano (Salvatore Esposito), figlio di Pietro. La serie esplora la crescita di Genny da ragazzo viziato a leader spietato, e le lotte di Ciro per mantenere il potere all'interno del clan.

Gomorra è nota per la sua rappresentazione realistica e senza fronzoli della vita criminale, mostrando la brutalità e la spietatezza dei boss e dei loro seguaci. La serie non risparmia dettagli sulla violenza e sulle difficoltà affrontate dalle persone coinvolte nel mondo della camorra, offrendo una narrazione che è tanto avvincente quanto inquietante.

Il cast di Gomorra è composto da attori di grande talento, che offrono performance potenti e convincenti. Fortunato Cerlino è impressionante nel ruolo di Pietro Savastano, un boss temuto e rispettato, mentre Marco D'Amore e Salvatore Esposito offrono ritratti complessi e sfumati di Ciro e Genny, due uomini che cercano di navigare nelle acque torbide del crimine organizzato.

La serie è girata principalmente a Napoli, con un'attenzione ai dettagli che cattura l'essenza della città e delle sue periferie. La cinematografia e la regia di Gomorra contribuiscono a creare un'atmosfera tesa e opprimente, che riflette la realtà della vita sotto il controllo della camorra.

Gomorra ha ricevuto numerosi premi e riconoscimenti, ed è considerata una delle migliori serie crime degli ultimi anni. La sua capacità di affrontare temi complessi con una narrazione avvincente e personaggi ben sviluppati ha conquistato un vasto pubblico internazionale e ha influenzato molte altre produzioni nel genere.

In conclusione, Gomorra è una serie che offre uno sguardo crudo e realistico sulla vita della camorra, con una narrazione intensa e personaggi complessi. Con la sua rappresentazione autentica della criminalità organizzata e le sue performance potenti, è una serie che continua a essere apprezzata e studiata per la sua qualità e il suo impatto culturale.

73. The Leftovers - The Leftovers (2014)

The Leftovers (2014) è una serie televisiva di genere dramma e mistero creata da Damon Lindelof e Tom Perrotta, basata sul romanzo omonimo di Perrotta. La serie esplora le conseguenze emotive e sociali di un evento soprannaturale in cui il 2% della popolazione mondiale scompare misteriosamente e senza spiegazione.

La trama di The Leftovers si concentra su una piccola città di Mapleton, New York, e segue le vite delle persone che cercano di ricostruire le loro esistenze tre anni dopo la scomparsa. Il protagonista principale è Kevin Garvey (Justin Theroux), il capo della polizia di Mapleton, che lotta per mantenere un senso di normalità mentre affronta il trauma personale e collettivo causato dall'evento. La serie segue anche le vicende di altri personaggi chiave, come Nora Durst (Carrie Coon), una donna che ha perso tutta la sua famiglia, e Matt Jamison (Christopher Eccleston), un pastore che cerca di mantenere la fede in tempi di disperazione.

The Leftovers è nota per il suo tono cupo e contemplativo, esplorando temi come la perdita, il dolore, la fede e la ricerca del significato. La serie utilizza un approccio narrativo non convenzionale, con episodi che spesso si concentrano su singoli personaggi e le loro esperienze personali, offrendo una visione intima e profondamente umana delle loro lotte.

Il cast di The Leftovers offre performance eccezionali, con Justin Theroux che guida la serie con una rappresentazione potente e sfumata di Kevin Garvey. Carrie Coon è altrettanto impressionante nel ruolo di Nora Durst, offrendo una performance che è sia vulnerabile che determinata. Anche gli altri membri del cast, tra cui Amy Brenneman, Liv Tyler e Ann Dowd, contribuiscono a creare un ensemble ricco e variegato.

La serie è acclamata per la sua scrittura intelligente e la sua capacità di affrontare temi complessi con sensibilità e profondità. La regia e la cinematografia di The Leftovers sono di alto livello, creando un'atmosfera che è tanto inquietante quanto evocativa.

The Leftovers ha ricevuto numerosi premi e riconoscimenti, diventando una delle serie più apprezzate della televisione contemporanea. La sua capacità di esplorare le questioni esistenziali e le emozioni umane in modo così autentico e avvincente ha conquistato sia la critica che il pubblico.

In conclusione, The Leftovers è una serie che ha saputo combinare dramma, mistero e profondità emotiva in modo magistrale. Con una narrazione ricca e sfumata, personaggi complessi e una rappresentazione autentica delle lotte umane, è una serie che continua a essere apprezzata per la sua qualità e il suo impatto culturale.

74. The Witcher - The Witcher (2019)

The Witcher (2019) è una serie televisiva di genere fantasy basata sulla saga letteraria omonima dello scrittore polacco Andrzej Sapkowski. La serie, creata da Lauren Schmidt Hissrich, segue le avventure di Geralt di Rivia, un cacciatore di mostri solitario, interpretato da Henry Cavill. Ambientata in un mondo medievale pieno di magia, creature fantastiche e intrighi politici, la serie esplora temi di destino, moralità e sopravvivenza.

La trama principale di The Witcher ruota attorno a tre personaggi principali: Geralt di Rivia, la potente maga Yennefer di Vengerberg (Anya Chalotra) e la giovane principessa Cirilla (Freya Allan). Le storie dei tre personaggi si intrecciano gradualmente nel corso della serie, esplorando le loro origini e le loro missioni individuali.

Geralt di Rivia è un witcher, un mutante con abilità sovrumane e un'abilità straordinaria nel combattere mostri. La sua professione lo porta a viaggiare per il Continente, affrontando creature pericolose e risolvendo problemi soprannaturali. Nonostante la sua apparenza fredda e distaccata, Geralt è un personaggio complesso con un forte codice morale.

Yennefer di Vengerberg è una maga potente con un passato tormentato. La serie esplora la sua trasformazione da una giovane donna disprezzata e deformata a una delle maghe più potenti e rispettate del Continente. Il suo rapporto con Geralt è uno degli elementi centrali della trama, caratterizzato da attrazione, conflitto e un legame profondo.

Cirilla, conosciuta anche come Ciri, è una principessa in fuga con un destino misterioso. Dotata di poteri straordinari, Ciri è destinata a giocare un ruolo cruciale nel futuro del Continente. La sua fuga e la ricerca di Geralt formano una parte significativa della narrazione.

The Witcher è nota per la sua narrazione non lineare, che utilizza diverse linee temporali per esplorare le storie dei personaggi. Questo approccio richiede attenzione da parte degli spettatori, ma arricchisce la narrazione con un senso di mistero e scoperta.

La serie è acclamata per la sua rappresentazione visivamente spettacolare del mondo di The Witcher. Gli effetti speciali, le sequenze d'azione coreografate in modo impeccabile e la cinematografia evocativa contribuiscono a creare un'esperienza immersiva e avvincente. La colonna sonora, composta da Sonya Belousova e Giona Ostinelli, aggiunge ulteriore profondità e atmosfera alla serie.

The Witcher ha ricevuto recensioni positive sia dalla critica che dal pubblico, diventando rapidamente una delle serie più popolari su Netflix. La performance di Henry Cavill nel ruolo di Geralt è stata particolarmente lodata per la sua fedeltà al personaggio letterario e per l'intensità fisica e emotiva della sua interpretazione.

In conclusione, The Witcher è una serie che ha saputo combinare fantasy, azione e dramma in modo magistrale. Con una narrazione intricata, personaggi complessi e una rappresentazione visivamente stupefacente del mondo immaginario, è una serie che continua a catturare l'immaginazione degli spettatori e a consolidare il suo posto come un punto di riferimento nel genere fantasy.

75. The Boys - The Boys (2019)

The Boys (2019) è una serie televisiva di genere dramma e azione basata sull'omonimo fumetto di Garth Ennis e Darick Robertson. Creata da Eric Kripke, la serie offre una visione oscura e satirica del mondo dei supereroi, esplorando le conseguenze della corruzione, dell'abuso di potere e del capitalismo sfrenato.

La trama di The Boys si concentra su un gruppo di vigilanti noti come "The Boys", guidati da Billy Butcher (Karl Urban), che cercano di smascherare e combattere i supereroi corrotti. In questo mondo, i supereroi, o "Supes", sono idolatrati dal pubblico ma spesso abusano dei loro poteri per scopi personali e sono protetti dalla potente corporazione Vought International.

Billy Butcher ha un passato tragico legato ai supereroi e ha una vendetta personale contro Homelander (Antony Starr), il leader dei Seven, il gruppo di supereroi più potente e corrotto. Homelander è una figura carismatica ma profondamente disturbata, che rappresenta il pericolo e l'ipocrisia dei Supes.

Hughie Campbell (Jack Quaid) è un giovane che si unisce ai Boys dopo che la sua fidanzata viene brutalmente uccisa da A-Train (Jessie T. Usher), un supereroe velocista. La sua esperienza personale lo spinge a combattere contro i Supes e a svelare la verità sul loro comportamento immorale.

La serie esplora anche le storie di altri membri dei Boys, come Mother's Milk (Laz Alonso), Frenchie (Tomer Capon) e Kimiko (Karen Fukuhara), ognuno con le proprie motivazioni e background. Allo stesso tempo, approfondisce le vite e le lotte interne dei membri dei Seven, tra cui Starlight (Erin Moriarty), una giovane supereroina che scopre la corruzione all'interno del gruppo e cerca di mantenere la sua integrità.

The Boys è acclamata per il suo tono audace e provocatorio, che mescola azione, satira e critica sociale. La serie affronta temi come il potere, la corruzione, l'ipocrisia e l'influenza dei media, offrendo una narrazione che è tanto avvincente quanto inquietante.

La produzione di The Boys è di alto livello, con effetti speciali impressionanti, sequenze d'azione coreografate in modo spettacolare e una regia che cattura l'intensità e la brutalità del mondo dei supereroi. La serie è nota anche per il suo umorismo nero e i momenti shockanti, che mantengono gli spettatori costantemente coinvolti.

The Boys ha ricevuto numerosi premi e riconoscimenti, diventando una delle serie più popolari e influenti di Amazon Prime Video. La performance di Karl Urban come Billy Butcher e di Antony Starr come Homelander sono state particolarmente lodate per la loro intensità e complessità.

In conclusione, The Boys è una serie che ha saputo ridefinire il genere dei supereroi con una narrazione oscura, satirica e avvincente. Con personaggi complessi, temi rilevanti e una rappresentazione audace del potere e della corruzione, è una serie che continua a essere apprezzata per la sua qualità e il suo impatto culturale.

76. Lucifer - Lucifer (2016)

Lucifer (2016) è una serie televisiva di genere dramma, fantasy e poliziesco creata da Tom Kapinos, basata sul personaggio dei fumetti di Neil Gaiman, Sam Kieth e Mike Dringenberg, pubblicato da DC Comics Vertigo. La serie segue Lucifer Morningstar, interpretato da Tom Ellis, il diavolo che, annoiato e infelice della sua vita nell'Inferno, decide di abbandonare il suo regno e trasferirsi a Los Angeles.

La trama principale di Lucifer si concentra su Lucifer Morningstar, che apre un night club chiamato Lux a Los Angeles e inizia a lavorare come consulente civile per il Dipartimento di Polizia di Los Angeles (LAPD). Lucifer usa le sue abilità sovrannaturali per aiutare la detective Chloe Decker (Lauren German) a risolvere casi di omicidio. Chloe è immune ai poteri di manipolazione di Lucifer, il che crea una dinamica interessante tra i due.

Lucifer possiede il potere di costringere le persone a rivelare i loro desideri più profondi, abilità che utilizza sia nel suo club che durante le indagini. Nonostante il suo atteggiamento spesso superficiale e ironico, Lucifer è un personaggio complesso con un forte senso di giustizia e un desiderio di comprensione e redenzione.

La serie esplora temi come la redenzione, il libero arbitrio, l'identità e le relazioni umane. Lucifer, pur essendo il Diavolo, mostra un'umanità sorprendente, e il suo viaggio è tanto una ricerca di sé stesso quanto una lotta contro il crimine. La sua relazione con Chloe Decker è un elemento centrale della serie, sviluppandosi da una collaborazione riluttante a una partnership profonda e complessa.

Il cast di supporto di Lucifer include personaggi come Mazikeen (Lesley-Ann Brandt), un demone leale e amica di Lucifer, Amenadiel (DB Woodside), un angelo e fratello di Lucifer che cerca di riportarlo all'Inferno, e Linda Martin (Rachael Harris), una terapeuta umana che offre consulenza a Lucifer.

Lucifer è apprezzata per il suo mix di dramma poliziesco, elementi soprannaturali e commedia. La performance carismatica di Tom Ellis nel ruolo del protagonista è stata ampiamente lodata, così come la chimica tra i membri del cast principale. La serie bilancia abilmente l'umorismo con momenti di introspezione e dramma, offrendo una narrazione avvincente e divertente.

La produzione di Lucifer è di alta qualità, con una cinematografia elegante, una colonna sonora coinvolgente e effetti speciali ben realizzati che arricchiscono l'elemento fantastico della serie.

Lucifer ha ricevuto un forte seguito di fan e ha ottenuto numerosi premi e riconoscimenti. Dopo essere stata cancellata dalla Fox dopo tre stagioni, la serie è stata salvata da Netflix, dove ha continuato ad avere successo, dimostrando il suo impatto duraturo e la sua popolarità.

In conclusione, Lucifer è una serie che combina dramma, fantasy e poliziesco in modo magistrale, con personaggi complessi, una narrazione avvincente e una rappresentazione unica del Diavolo. Con la sua capacità di bilanciare umorismo e dramma, è una serie che continua a essere apprezzata e celebrata per la sua qualità e il suo fascino.

77. The Umbrella Academy - The Umbrella Academy (2019)

The Umbrella Academy (2019) è una serie televisiva di genere dramma, fantasy e supereroi creata da Steve Blackman e basata sulla serie di fumetti scritta da Gerard Way e illustrata da Gabriel Bá. La serie segue le vicende di una famiglia disfunzionale di supereroi adottati, che si riuniscono dopo la morte misteriosa del loro padre adottivo e affrontano la minaccia di un'apocalisse imminente.

La trama di The Umbrella Academy inizia con la nascita simultanea di 43 bambini in tutto il mondo da donne che non mostravano segni di gravidanza. Sir Reginald Hargreeves (Colm Feore), un eccentrico miliardario, adotta sette di questi bambini, ciascuno con abilità sovrannaturali, e li alleva come una squadra di supereroi chiamata "The Umbrella Academy".

I membri della Umbrella Academy includono Luther (Tom Hopper), che ha super forza; Diego (David Castañeda), un esperto di coltelli; Allison (Emmy Raver-Lampman), che può manipolare la realtà con le parole; Klaus (Robert Sheehan), che può comunicare con i morti; Numero Cinque (Aidan Gallagher), che può viaggiare nel tempo; Ben (Justin H. Min), che ha la capacità di evocare tentacoli mostruosi da un'altra dimensione; e Vanya (Elliot Page), che inizialmente sembra non avere poteri.

La serie esplora le dinamiche complesse e spesso disfunzionali tra i membri della famiglia, che si sono allontanati nel tempo ma si ritrovano a dover collaborare per risolvere il mistero della morte del loro padre e prevenire l'apocalisse. Ogni personaggio ha il proprio arco narrativo e lotta con i propri demoni personali, offrendo una narrazione ricca e sfumata.

The Umbrella Academy è acclamata per il suo stile visivo distintivo, la sua combinazione di dramma, azione e umorismo, e la profondità dei suoi personaggi. La serie utilizza una narrazione non lineare, con flashback e salti temporali che arricchiscono la storia e rivelano i segreti del passato dei protagonisti.

Le performance del cast sono uno dei punti di forza della serie, con Robert Sheehan che offre una rappresentazione eccentrica e toccante di Klaus, e Aidan Gallagher che impressiona nel ruolo di Numero Cinque, un anziano intrappolato nel corpo di un adolescente. Elliot Page offre una performance emotivamente complessa nel ruolo di Vanya, un personaggio chiave la cui evoluzione è centrale alla trama della serie.

La colonna sonora di The Umbrella Academy, che spazia da classici del rock a brani contemporanei, contribuisce a creare un'atmosfera unica e coinvolgente, sottolineando i momenti chiave della narrazione.

The Umbrella Academy ha ricevuto recensioni positive dalla critica e un forte seguito di fan, diventando rapidamente una delle serie più popolari su Netflix. La serie ha ottenuto numerosi premi e riconoscimenti per la sua qualità di produzione, la scrittura e le performance del cast.

In conclusione, The Umbrella Academy è una serie che combina abilmente dramma, azione e elementi fantastici, offrendo una narrazione avvincente e personaggi complessi. Con il suo stile visivo distintivo, le performance eccezionali e una colonna sonora memorabile, è una serie che continua a catturare l'immaginazione degli spettatori e a consolidare il suo posto come una delle migliori produzioni di supereroi contemporanee.

78. Carnivàle - Carnivàle (2003)

Carnivàle (2003) è una serie televisiva di genere dramma, fantasy e mistero creata da Daniel Knauf. Ambientata negli Stati Uniti durante la Grande Depressione e il Dust Bowl, la serie segue le vicende di una compagnia itinerante di carnevale e di un predicatore che scopre di avere poteri sovrannaturali. La serie esplora temi di bene contro male, destino e redenzione attraverso una narrazione complessa e ricca di simbolismi.

La trama di Carnivàle si sviluppa su due linee narrative principali. La prima segue Ben Hawkins (Nick Stahl), un giovane con poteri di guarigione, che si unisce a un carnevale itinerante dopo la morte della madre. Mentre viaggia con il carnevale, Ben cerca di scoprire la verità sui suoi poteri e sul suo passato, svelando segreti che collegano la sua famiglia a eventi soprannaturali più ampi.

La seconda linea narrativa segue il fratello Justin Crowe (Clancy Brown), un predicatore metodista con poteri oscuri. Justin, che crede di essere destinato a compiere grandi cose, inizia a sperimentare visioni e scopre la sua connessione con forze malvagie. La serie esplora la crescente influenza di Justin e il suo cammino verso il potere, contrapposto alla ricerca di Ben per la verità e la redenzione.

Carnivàle è acclamata per la sua atmosfera inquietante e la sua capacità di intrecciare elementi di fantasia, horror e dramma storico. La serie utilizza un'ampia gamma di simbolismi religiosi e mitologici, creando una narrazione che è tanto misteriosa quanto avvincente.

Il cast di Carnivàle offre performance eccezionali, con Nick Stahl che interpreta Ben Hawkins con una combinazione di vulnerabilità e determinazione, e Clancy Brown che offre una performance inquietante e potente nel ruolo del fratello Justin. Altri membri del cast, come Michael J. Anderson nel ruolo di Samson, il nano direttore del carnevale, e Adrienne Barbeau nel ruolo di Ruthie, una performer del carnevale, aggiungono ulteriore profondità alla serie.

La produzione di Carnivàle è di alta qualità, con scenografie, costumi e ambientazioni che catturano l'essenza dell'epoca della Grande Depressione. La serie è nota anche per la sua colonna sonora evocativa, composta da Jeff Beal, che contribuisce a creare un'atmosfera immersiva e coinvolgente.

Nonostante sia stata cancellata dopo solo due stagioni, Carnivàle ha ottenuto un seguito di culto e ha ricevuto numerosi premi e riconoscimenti, tra cui Emmy Awards per la sua eccellenza tecnica e artistica.

In conclusione, Carnivàle è una serie che ha saputo combinare dramma storico, fantasy e mistero in modo magistrale. Con una narrazione complessa, personaggi indimenticabili e un'atmosfera unica, è una serie che continua a essere apprezzata per la sua qualità e il suo impatto culturale.

79. Penny Dreadful - Penny Dreadful (2014)

Penny Dreadful (2014) è una serie televisiva di genere horror, dramma e fantasy creata da John Logan. La serie è ambientata nella Londra vittoriana e combina personaggi e storie tratte dalla letteratura gotica, creando un mondo oscuro e affascinante dove il soprannaturale è reale.

La trama di Penny Dreadful ruota attorno a Vanessa Ives (Eva Green), una donna tormentata dai suoi poteri soprannaturali, e Sir Malcolm Murray (Timothy Dalton), un esploratore alla ricerca della sua figlia scomparsa. Insieme, formano un gruppo eterogeneo che include Ethan Chandler (Josh Hartnett), un pistolero americano con un oscuro segreto, e il dottor Victor Frankenstein (Harry Treadaway), uno scienziato ossessionato dalla vita e dalla morte.

La serie esplora temi di redenzione, peccato, identità e il confronto con l'ignoto. Ogni personaggio affronta i propri demoni personali, mentre il gruppo si scontra con creature soprannaturali, culti malvagi e forze oscure. La narrazione intreccia storie e personaggi iconici come Dorian Gray (Reeve Carney), Mina Harker e il mostro di Frankenstein, creando un universo ricco e complesso.

Penny Dreadful è nota per la sua atmosfera gotica, con scenografie dettagliate, costumi elaborati e una fotografia che cattura l'oscurità e la bellezza della Londra vittoriana. La serie utilizza un linguaggio ricco e poetico, che riflette la letteratura dell'epoca e aggiunge profondità ai dialoghi e alle interazioni tra i personaggi.

Le performance del cast sono uno dei punti di forza di Penny Dreadful, con Eva Green che offre una rappresentazione potente e sfumata di Vanessa Ives, un personaggio complesso e tormentato. Timothy Dalton è altrettanto impressionante nel ruolo di Sir Malcolm, portando una presenza carismatica e autoritaria. Anche gli altri membri del cast, come Josh Hartnett e Harry Treadaway, contribuiscono a creare personaggi memorabili e sfaccettati.

La serie è acclamata per la sua scrittura intelligente, la capacità di bilanciare horror e dramma e la profondità dei suoi temi. Penny Dreadful ha ricevuto numerosi premi e riconoscimenti, diventando una delle serie più apprezzate nel genere horror-fantasy.

In conclusione, Penny Dreadful è una serie che ha saputo combinare horror, dramma e fantasy in modo magistrale, creando un mondo oscuro e affascinante popolato da personaggi complessi e storie avvincenti. Con una narrazione ricca e sfumata, performance eccezionali e una rappresentazione visivamente stupefacente della Londra vittoriana, è una serie che continua a essere apprezzata per la sua qualità e il suo impatto culturale.

80. Mindhunter - Mindhunter (2017)

Mindhunter (2017) è una serie televisiva di genere crime drama e thriller psicologico creata da Joe Penhall e prodotta da David Fincher e Charlize Theron. Basata sul libro "Mindhunter: Inside the FBI's Elite Serial Crime Unit" di John E. Douglas e Mark Olshaker, la serie esplora le origini della profilazione criminale moderna e le prime indagini sui serial killer condotte dall'FBI negli anni '70.

La trama di Mindhunter segue gli agenti dell'FBI Holden Ford (Jonathan Groff) e Bill Tench (Holt McCallany), membri dell'Unità di Scienze Comportamentali, mentre viaggiano attraverso gli Stati Uniti per intervistare serial killer incarcerati e comprendere meglio la loro psicologia. L'obiettivo del loro lavoro è sviluppare nuovi metodi per identificare e catturare i serial killer, basati sulla comprensione dei loro motivi e comportamenti.

La serie è nota per il suo approccio realistico e meticoloso alla criminologia, con dialoghi intensi e profondi che esplorano la mente dei criminali più pericolosi. Le interviste con i serial killer sono basate su conversazioni reali avvenute durante le indagini dell'FBI, e la serie ricostruisce fedelmente le dinamiche psicologiche e le tecniche investigative utilizzate.

Holden Ford è un giovane e ambizioso agente con una mente acuta e una determinazione a comprendere la psicologia criminale. Bill Tench, il suo partner, è un agente veterano con un approccio più pragmatico e una profonda esperienza sul campo. Insieme, formano una squadra che cerca di rivoluzionare il modo in cui l'FBI affronta i crimini violenti.

La serie esplora anche la vita personale dei protagonisti e le loro lotte interne, mostrando come il loro lavoro influenzi le loro relazioni e la loro salute mentale. Wendy Carr (Anna Torv), una psicologa che collabora con l'unità, aggiunge ulteriore profondità alla squadra e contribuisce allo sviluppo delle teorie di profilazione.

Mindhunter è acclamata per la sua scrittura intelligente, la regia raffinata e le performance eccezionali del cast. Jonathan Groff e Holt McCallany offrono interpretazioni potenti e sfumate, portando alla vita personaggi complessi e realistici. La serie è anche nota per la sua rappresentazione accurata dell'epoca e per la sua capacità di creare un'atmosfera tesa e inquietante.

La produzione di Mindhunter è di altissimo livello, con una regia che sfrutta abilmente l'illuminazione, la composizione delle inquadrature e il montaggio per creare una narrazione visivamente coinvolgente. La colonna sonora e il design sonoro aggiungono ulteriori strati di tensione e atmosfera.

Mindhunter ha ricevuto numerosi premi e riconoscimenti, diventando una delle serie più apprezzate nel genere crime drama. La sua capacità di esplorare temi complessi con profondità e realismo, insieme alla sua qualità di produzione e alle performance del cast, ha conquistato sia la critica che il pubblico.

In conclusione, Mindhunter è una serie che ha saputo combinare crime drama, thriller psicologico e narrazione realistica in modo magistrale. Con una rappresentazione accurata della criminologia, personaggi complessi e una narrazione avvincente, è una serie che continua a essere apprezzata per la sua qualità e il suo impatto culturale.

81. Ozark - Ozark (2017)

Ozark (2017) è una serie televisiva di genere dramma e thriller creata da Bill Dubuque e Mark Williams. La serie segue le vicende di Marty Byrde, interpretato da Jason Bateman, un consulente finanziario che si ritrova coinvolto in un pericoloso schema di riciclaggio di denaro per un cartello della droga messicano.

La trama di Ozark inizia con Marty Byrde che, insieme alla moglie Wendy (Laura Linney) e ai loro due figli, si trasferisce dalla periferia di Chicago alla regione montuosa degli Ozarks, in Missouri, dopo che un affare di riciclaggio di denaro va terribilmente storto. Marty deve convincere il capo del cartello, Del (Esai Morales), che può ripulire una grande somma di denaro nella nuova location. La famiglia Byrde si trova così a gestire non solo le sfide quotidiane di una nuova vita in una comunità piccola e rurale, ma anche i pericoli mortali del mondo criminale in cui si sono immersi.

La serie esplora temi come il crimine, la moralità e la sopravvivenza. Marty è un uomo che si ritrova costantemente a camminare su un filo sottile tra la vita e la morte, cercando di proteggere la sua famiglia e trovare un modo per uscire dal mondo del crimine. Wendy, inizialmente riluttante, dimostra una sorprendente capacità di adattarsi e prosperare nel nuovo ambiente, diventando una partner altrettanto strategica e spietata.

Il cast di Ozark include personaggi memorabili come Ruth Langmore (Julia Garner), una giovane donna locale con una mente brillante per il crimine, che diventa una figura chiave nel piano di Marty, e Cade Langmore (Trevor Long), lo zio criminale di Ruth. La serie introduce anche personaggi come l'agente dell'FBI Roy Petty (Jason Butler Harner), che si avvicina sempre di più alla scoperta delle operazioni di riciclaggio di Marty.

Ozark è nota per la sua atmosfera tesa e oscura, con una narrazione che mantiene gli spettatori costantemente sul bordo del proprio sedile. La serie utilizza la regione degli Ozarks non solo come sfondo, ma come un personaggio a sé stante, con i suoi paesaggi pittoreschi che contrastano con la brutalità del mondo criminale.

La serie è stata acclamata per la qualità della scrittura, la regia e le performance del cast, in particolare quelle di Jason Bateman e Laura Linney. Jason Bateman, noto principalmente per i suoi ruoli comici, dimostra una notevole versatilità come protagonista drammatico e regista di molti episodi. Laura Linney offre una performance potente e complessa, rendendo Wendy Byrde uno dei personaggi femminili più interessanti e sfaccettati della televisione contemporanea.

Ozark ha ricevuto numerosi premi e riconoscimenti, tra cui Emmy Awards per le performance di Julia Garner e Jason Bateman. La serie è stata lodata per la sua capacità di combinare dramma familiare e thriller criminale, creando una narrazione avvincente e ricca di colpi di scena.

In conclusione, Ozark è una serie che ha saputo distinguersi nel panorama televisivo per la sua narrazione intensa, personaggi complessi e ambientazione unica. Con un cast eccezionale e una trama avvincente, è una serie che continua a catturare l'attenzione e l'immaginazione degli spettatori.

82. Veep - Vicepresidente incompetente - Veep (2012)

Veep - Vicepresidente incompetente (Veep) (2012) è una serie televisiva di genere commedia creata da Armando Iannucci. La serie è una satira politica che segue le disavventure di Selina Meyer, interpretata da Julia Louis-Dreyfus, una politica ambiziosa e spesso inetta che diventa vicepresidente degli Stati Uniti.

La trama di Veep inizia con Selina Meyer che accetta il ruolo di vicepresidente, solo per scoprire che la posizione è molto meno potente e gratificante di quanto immaginasse. La serie segue Selina e il suo team mentre navigano attraverso le trappole della politica di Washington D.C., cercando di aumentare il loro potere e la loro influenza nonostante una serie di crisi, scandali e gaffe.

Selina Meyer è circondata da un gruppo di collaboratori altrettanto disfunzionali, tra cui il suo capo di gabinetto Amy Brookheimer (Anna Chlumsky), il suo portavoce Mike McLintock (Matt Walsh), il suo consigliere politico Dan Egan (Reid Scott) e il suo assistente personale Gary Walsh (Tony Hale). Ogni membro del team ha le proprie ambizioni e debolezze, creando un ambiente di lavoro caotico e spesso esilarante.

Veep esplora temi come l'ambizione politica, la corruzione e la vanità, utilizzando un umorismo tagliente e situazioni assurde per mettere in luce le dinamiche spesso ridicole della politica americana. La serie è nota per i suoi dialoghi brillanti e rapidi, con battute incisive che catturano perfettamente l'assurdità e la brutalità del mondo politico.

La performance di Julia Louis-Dreyfus è uno dei punti di forza di Veep. La sua interpretazione di Selina Meyer le ha valso numerosi premi, tra cui sei Emmy Awards consecutivi come miglior attrice protagonista in una serie comica. Louis-Dreyfus porta alla vita un personaggio che è allo stesso tempo divertente e profondamente umano, con tutte le sue contraddizioni e difetti.

Il cast di supporto di Veep è altrettanto eccezionale, con Anna Chlumsky, Tony Hale e gli altri attori che offrono performance memorabili e ben calibrate. Ogni personaggio contribuisce al caos comico della serie, creando una dinamica di gruppo che è tanto disfunzionale quanto affascinante.

Veep è stata acclamata dalla critica per la sua satira acuta e il suo ritratto realistico del mondo politico. La serie ha ricevuto numerosi premi e riconoscimenti, inclusi Emmy, SAG e Critics' Choice Awards, ed è considerata una delle migliori commedie politiche di tutti i tempi.

In conclusione, Veep - Vicepresidente incompetente è una serie che ha saputo combinare satira politica e commedia in modo magistrale. Con una narrazione intelligente, personaggi complessi e una performance straordinaria di Julia Louis-Dreyfus, è una serie che continua a essere celebrata per la sua qualità e il suo impatto culturale.

83. Entourage - Entourage (2004)

Entourage (2004) è una serie televisiva di genere commedia e dramma creata da Doug Ellin. La serie offre uno sguardo dietro le quinte del mondo di Hollywood, seguendo la vita di Vincent Chase (Adrian Grenier), un giovane attore emergente, e il suo gruppo di amici mentre navigano attraverso l'industria cinematografica.

La trama di Entourage ruota attorno a Vincent "Vince" Chase, che si trasferisce a Hollywood con il suo migliore amico e manager Eric "E" Murphy (Kevin Connolly), il suo fratellastro e attore in difficoltà Johnny "Drama" Chase (Kevin Dillon) e il loro amico d'infanzia e autista Sal "Turtle" Assante (Jerry Ferrara). La serie esplora le loro avventure e disavventure mentre cercano di costruire e mantenere la carriera di Vince nel competitivo mondo del cinema.

A guidarli c'è anche il carismatico e spesso esplosivo agente di Vince, Ari Gold (Jeremy Piven), che è determinato a fare di Vince una superstar. La serie esplora le dinamiche tra Vince e i suoi amici, mostrando come la loro amicizia e lealtà siano messe alla prova dalle pressioni e dalle tentazioni di Hollywood.

Entourage è nota per il suo tono leggero e divertente, offrendo uno sguardo glamour e spesso satirico dell'industria dell'intrattenimento. La serie utilizza un mix di umorismo, dramma e cameo di celebrità per creare un ritratto vivace e coinvolgente della vita a Los Angeles. Ogni episodio presenta situazioni e avventure che spaziano dalle negoziazioni contrattuali ai party esclusivi, offrendo una visione completa delle sfide e delle opportunità nel mondo dello spettacolo.

Il cast di Entourage offre performance memorabili, con Adrian Grenier che interpreta Vince con un fascino rilassato e naturale. Kevin Connolly è convincente come il pratico e responsabile Eric, mentre Kevin Dillon porta umorismo e vulnerabilità al ruolo di Johnny Drama. Jerry Ferrara è simpatico e divertente come Turtle, e Jeremy Piven offre una performance energica e carismatica nel ruolo di Ari Gold, che gli è valsa numerosi premi, tra cui tre Emmy Awards.

Entourage esplora temi come l'amicizia, la fama, l'ambizione e la lealtà, mostrando come il successo può influenzare le relazioni e il carattere delle persone. La serie è stata acclamata per la sua capacità di combinare commedia e dramma, offrendo storie che sono tanto divertenti quanto emotivamente risonanti.

La produzione di Entourage è di alta qualità, con una rappresentazione autentica e affascinante di Hollywood. La serie ha ricevuto numerosi premi e riconoscimenti, diventando un punto di riferimento nel genere delle commedie drammatiche.

In conclusione, Entourage è una serie che ha saputo catturare l'essenza del mondo di Hollywood con umorismo, cuore e realismo. Con un cast eccezionale, una narrazione avvincente e una rappresentazione vivace dell'industria dell'intrattenimento, è una serie che continua a essere apprezzata per la sua qualità e il suo impatto culturale.

84. Sense8 - Sense8 (2015)

Sense8 (2015) è una serie televisiva di genere fantascienza e dramma creata dalle sorelle Lana e Lilly Wachowski, insieme a J. Michael Straczynski. La serie segue le vite di otto estranei da diverse parti del mondo che scoprono di essere legati mentalmente ed emotivamente in un modo straordinario, formando un "cluster" di individui chiamati "sensate".

La trama di Sense8 inizia con otto persone che, in seguito a una visione comune della misteriosa e androgina Angelica (Daryl Hannah), sviluppano la capacità di comunicare telepaticamente e condividere le proprie esperienze, abilità e conoscenze.

Gli otto protagonisti sono: Will Gorski (Brian J. Smith), un poliziotto di Chicago; Riley Blue (Tuppence Middleton), una DJ islandese; Capheus "Van Damme" Onyango (Aml Ameen, poi Toby Onwumere), un autista di autobus a Nairobi; Sun Bak (Doona Bae), una donna d'affari e artista marziale di Seul; Lito Rodriguez (Miguel Ángel Silvestre), un attore di telenovelas di Città del Messico; Kala Dandekar (Tina Desai), una farmacista di Mumbai; Wolfgang Bogdanow (Max Riemelt), un ladro di Berlino; e Nomi Marks (Jamie Clayton), una hacker transgender di San Francisco.

Mentre i sense8 esplorano le loro nuove abilità, devono anche affrontare le sfide personali delle loro vite individuali e la minaccia di una misteriosa organizzazione chiamata BPO (Biologic Preservation Organization), che cerca di catturarli e studiarli. Il leader di questa organizzazione, Whispers (Terrence Mann), è particolarmente pericoloso poiché ha la capacità di entrare nella mente dei sense8 e controllarli.

Sense8 esplora temi come l'identità, la connessione, la diversità e la lotta per la libertà. La serie è nota per la sua rappresentazione inclusiva e progressista, affrontando questioni di genere, sessualità, razza e cultura con sensibilità e profondità. La narrazione è arricchita dalle storie personali di ogni personaggio, che si intrecciano in modo complesso e avvincente.

Il cast di Sense8 offre performance potenti e autentiche, con ogni attore che porta alla vita un personaggio ricco di sfumature e profondità. La chimica tra i membri del cast è palpabile e contribuisce a creare un senso di famiglia e unità tra i sense8.

La produzione di Sense8 è di altissimo livello, con riprese realizzate in diverse location internazionali che catturano la bellezza e la diversità del mondo. La serie utilizza effetti speciali e coreografie d'azione spettacolari per rendere visivamente impressionanti le abilità dei sense8.

Sense8 ha ricevuto numerosi premi e riconoscimenti, diventando una delle serie più apprezzate e influenti per la sua rappresentazione audace e inclusiva. Nonostante la cancellazione dopo due stagioni, la serie ha mantenuto un forte seguito di fan e ha concluso la sua narrazione con un episodio speciale finale.

In conclusione, Sense8 è una serie che ha saputo combinare fantascienza, dramma e rappresentazione inclusiva in modo magistrale. Con una narrazione complessa, personaggi ricchi di sfumature e una produzione internazionale di alta qualità, è una serie che continua a essere celebrata per la sua qualità e il suo impatto culturale.

85. Big Little Lies - Piccole grandi bugie - Big Little Lies (2017)

Big Little Lies - Piccole grandi bugie (Big Little Lies) (2017) è una serie televisiva di genere dramma e mistero basata sull'omonimo romanzo di Liane Moriarty. Creata da David E. Kelley e diretta da Jean-Marc Vallée per la prima stagione e Andrea Arnold per la seconda, la serie segue le vite di un gruppo di donne in una comunità benestante di Monterey, California, mentre i loro segreti e bugie vengono lentamente svelati.

La trama di Big Little Lies si concentra su cinque donne principali: Madeline Martha Mackenzie (Reese Witherspoon), Celeste Wright (Nicole Kidman), Jane Chapman (Shailene Woodley), Renata Klein (Laura Dern) e Bonnie Carlson (Zoë Kravitz). Le loro vite apparentemente perfette sono scosse da un tragico evento che si svolge durante una raccolta fondi scolastica. La serie inizia con un omicidio e utilizza flashback e narrazioni parallele per svelare gradualmente i dettagli dell'incidente e le complessità delle relazioni tra i personaggi.

Madeline è una madre e moglie energica e determinata, ma lotta con problemi personali e relazioni passate. Celeste è una ex avvocata che sembra avere una vita perfetta con il marito Perry (Alexander Skarsgård), ma nasconde un matrimonio violento e abusivo. Jane è una madre single nuova in città, che ha un passato misterioso e doloroso. Renata è una donna d'affari di successo che cerca di bilanciare la sua carriera con la maternità. Bonnie è la seconda moglie dell'ex marito di Madeline, con un atteggiamento zen e segreti personali.

Big Little Lies esplora temi come la violenza domestica, il trauma, la solidarietà femminile e la complessità delle relazioni umane. La serie è acclamata per la sua rappresentazione realistica e sfumata dei problemi che affrontano le donne moderne, offrendo una narrazione che è tanto emotiva quanto avvincente.

Il cast di Big Little Lies offre performance eccezionali, con Reese Witherspoon e Nicole Kidman che guidano il gruppo con interpretazioni potenti e convincenti. Alexander Skarsgård, Laura Dern e Shailene Woodley offrono performance altrettanto notevoli, contribuendo a creare un ensemble ricco e variegato.

La produzione di Big Little Lies è di altissimo livello, con una regia che cattura la bellezza e la tensione di Monterey. La colonna sonora, curata con attenzione, aggiunge ulteriore profondità emotiva alla serie, con brani che riflettono i temi e le emozioni dei personaggi.

Big Little Lies ha ricevuto numerosi premi e riconoscimenti, tra cui Emmy, Golden Globe e Screen Actors Guild Awards, ed è diventata una delle serie più apprezzate e influenti della televisione contemporanea.

In conclusione, Big Little Lies - Piccole grandi bugie è una serie che ha saputo combinare dramma e mistero in modo magistrale. Con una narrazione complessa, personaggi ricchi di sfumature e una rappresentazione autentica delle sfide della vita moderna, è una serie che continua a essere celebrata per la sua qualità e il suo impatto culturale.

86. Broadchurch - Broadchurch (2013)

Broadchurch (2013) è una serie televisiva di genere dramma e poliziesco creata da Chris Chibnall. Ambientata nella fittizia cittadina costiera di Broadchurch nel Dorset, Inghilterra, la serie esplora le conseguenze di un crimine devastante su una comunità ristretta, offrendo una narrazione che è tanto emotiva quanto avvincente.

La trama di Broadchurch inizia con la scoperta del corpo senza vita di un giovane ragazzo, Danny Latimer, ai piedi di una scogliera. L'omicidio sconvolge la comunità di Broadchurch e mette in moto un'indagine condotta dal detective Alec Hardy (David Tennant) e dalla sergente Ellie Miller (Olivia Colman). Hardy è un investigatore esperto ma tormentato, nuovo nella cittadina, mentre Miller è una residente di lunga data con legami personali con la vittima e la sua famiglia.

La serie esplora non solo la ricerca del colpevole, ma anche l'impatto emotivo e psicologico dell'omicidio su Danny Latimer sulla sua famiglia, sui residenti di Broadchurch e sui due investigatori. La madre di Danny, Beth Latimer (Jodie Whittaker), e il padre Mark (Andrew Buchan) affrontano il dolore della perdita e le rivelazioni sconvolgenti che emergono durante l'indagine.

Broadchurch è nota per la sua narrazione lenta e ponderata, che permette di sviluppare profondamente i personaggi e le loro relazioni. La serie esplora temi come il dolore, la fiducia, la colpa e la resilienza, offrendo una rappresentazione autentica delle reazioni umane a una tragedia.

Il cast di Broadchurch offre performance eccezionali, con David Tennant e Olivia Colman che guidano la serie con interpretazioni potenti e sfumate. Olivia Colman, in particolare, è stata lodata per la sua rappresentazione emotivamente intensa e realistica di Ellie Miller, che le è valsa numerosi premi, tra cui un BAFTA.

La produzione di Broadchurch è di alta qualità, con una regia e una cinematografia che catturano la bellezza e l'isolamento della costa inglese. La colonna sonora, composta da Ólafur Arnalds, aggiunge ulteriore profondità emotiva alla serie, creando un'atmosfera che è allo stesso tempo malinconica e tesa.

Broadchurch ha ricevuto numerosi premi e riconoscimenti, diventando una delle serie poliziesche più acclamate della televisione britannica. La serie ha avuto due ulteriori stagioni, ciascuna esplorando nuovi casi e le continue ripercussioni dell'omicidio di Danny Latimer sulla comunità.

In conclusione, Broadchurch è una serie che ha saputo combinare dramma poliziesco e profondità emotiva in modo magistrale. Con una narrazione ricca e sfumata, personaggi complessi e una rappresentazione autentica del dolore e della resilienza, è una serie che continua a essere celebrata per la sua qualità e il suo impatto emotivo.

87. Merlin - Merlin (2008)

Merlin (2008) è una serie televisiva di genere fantasy e avventura creata da Julian Jones, Jake Michie, Johnny Capps e Julian Murphy. La serie è una reinterpretazione delle leggende arturiane, focalizzandosi sugli anni giovanili di Merlino e il suo rapporto con il futuro re Artù. Ambientata nel regno di Camelot, la serie esplora le origini dei famosi personaggi del ciclo arturiano attraverso una narrazione ricca di magia, amicizia e intrighi.

La trama di Merlin segue il giovane Merlino (Colin Morgan), dotato di straordinari poteri magici, che arriva a Camelot per studiare sotto la guida del saggio medico di corte, Gaius (Richard Wilson). Tuttavia, il re Uther Pendragon (Anthony Head) ha bandito la magia dal regno, e chiunque venga scoperto a praticarla rischia la morte. Merlino deve quindi nascondere le sue abilità mentre protegge segretamente il principe Artù (Bradley James), che inizialmente vede Merlino solo come un servo.

Nonostante le loro differenze iniziali, Merlino e Artù sviluppano un'amicizia profonda e leale. Merlino, consapevole del grande destino che attende Artù, usa i suoi poteri per proteggerlo e guidarlo verso il suo futuro ruolo di re. La serie esplora anche le storie di altri personaggi iconici, come Ginevra (Angel Coulby), Morgana (Katie McGrath) e Lancillotto (Santiago Cabrera).

Merlin è nota per il suo tono avventuroso e per la sua capacità di mescolare elementi di dramma, commedia e azione. La serie affronta temi come la lealtà, il coraggio, il destino e la lotta tra il bene e il male, offrendo una narrazione che è tanto coinvolgente quanto emozionante.

Il cast di Merlin offre performance memorabili, con Colin Morgan che interpreta Merlino con una combinazione di ingenuità, determinazione e umorismo. Bradley James è convincente nel ruolo di Artù, mostrando la sua evoluzione da giovane arrogante a leader nobile e coraggioso. Katie McGrath offre una performance sfumata come Morgana, il cui arco narrativo si sviluppa da alleata di Merlino a nemica giurata.

La produzione di Merlin è di alta qualità, con effetti speciali che danno vita alla magia e alle creature fantastiche del mondo arturiano. Le ambientazioni, i costumi e la cinematografia contribuiscono a creare un'atmosfera epica e immersiva che cattura l'immaginazione degli spettatori.

Merlin ha ricevuto numerosi premi e riconoscimenti, diventando una delle serie fantasy più popolari e amate della televisione britannica. La serie è stata lodata per la sua capacità di rivisitare le leggende arturiane in modo fresco e accessibile, rendendole adatte a un pubblico moderno.

In conclusione, Merlin è una serie che ha saputo combinare avventura, magia e dramma in modo magistrale. Con una narrazione ricca di emozioni, personaggi complessi e una rappresentazione affascinante del mondo arturiano, è una serie che continua a essere apprezzata per la sua qualità e il suo impatto culturale.

88. The Mentalist - The Mentalist (2008)

The Mentalist (2008) è una serie televisiva di genere dramma e poliziesco creata da Bruno Heller. La serie segue le vicende di Patrick Jane (Simon Baker), un consulente indipendente del California Bureau of Investigation (CBI), che utilizza le sue straordinarie capacità di osservazione e deduzione per risolvere i casi di omicidio più complessi.

La trama di The Mentalist ruota attorno a Patrick Jane, un ex sensitivo truffatore che, dopo la tragica morte della moglie e della figlia per mano di un serial killer noto come Red John, decide di usare le sue abilità per aiutare la polizia e catturare l'assassino. Jane è dotato di una mente brillante e un talento unico nel leggere le persone, ma il suo passato come truffatore e la sua ossessione per Red John spesso lo mettono in conflitto con le autorità e con il suo team.

Jane lavora sotto la supervisione della rigida ma comprensiva agente Teresa Lisbon (Robin Tunney) e collabora con altri membri del team del CBI, tra cui Kimball Cho (Tim Kang), Wayne Rigsby (Owain Yeoman) e Grace Van Pelt (Amanda Righetti). Insieme, risolvono vari casi di omicidio, utilizzando le abilità uniche di Jane per vedere oltre le apparenze e scoprire la verità.

The Mentalist esplora temi come la giustizia, la redenzione e la ricerca della verità. La serie è nota per il suo approccio intelligente ai casi polizieschi, con Jane che utilizza metodi non convenzionali e spesso provocatori per ottenere confessioni e scoprire i colpevoli. La sua personalità affascinante e il suo umorismo tagliente aggiungono un tocco di leggerezza alla narrazione, bilanciando il dramma e la tensione.

La performance di Simon Baker come Patrick Jane è uno dei punti di forza di The Mentalist. Baker porta alla vita un personaggio complesso e affascinante, che combina carisma, intelligenza e vulnerabilità. Robin Tunney offre una performance solida e sfumata come Teresa Lisbon, creando una dinamica interessante e complementare con Jane.

La produzione di The Mentalist è di alta qualità, con una regia e una cinematografia che catturano efficacemente l'azione e le emozioni dei casi polizieschi. La serie utilizza un mix di suspense, dramma e umorismo per creare una narrazione avvincente che tiene gli spettatori incollati allo schermo.

The Mentalist ha ricevuto numerosi premi e riconoscimenti, diventando una delle serie poliziesche più popolari e longeve della televisione. La serie è stata lodata per la sua scrittura intelligente, le performance del cast e la capacità di mantenere l'interesse degli spettatori attraverso sette stagioni.

In conclusione, The Mentalist è una serie che ha saputo combinare dramma poliziesco e capacità deduttive in modo magistrale. Con una narrazione ricca di suspense, personaggi complessi e una rappresentazione affascinante del processo investigativo, è una serie che continua a essere apprezzata per la sua qualità e il suo impatto culturale.

89. Person of Interest - Person of Interest (2011)

Person of Interest (2011) è una serie televisiva di genere dramma, azione e fantascienza creata da Jonathan Nolan e prodotta da J.J. Abrams. La serie esplora temi di sorveglianza, intelligenza artificiale e giustizia, seguendo le vicende di un ex agente della CIA e di un miliardario che utilizzano una macchina avanzata per prevenire crimini violenti prima che avvengano.

La trama di Person of Interest ruota attorno a Harold Finch (Michael Emerson), un miliardario e genio della tecnologia che ha creato "La Macchina", un'intelligenza artificiale in grado di analizzare i dati di sorveglianza per prevedere att

i di violenza. Finch recluta John Reese (Jim Caviezel), un ex agente della CIA creduto morto, per agire sul campo e prevenire i crimini identificati dalla Macchina. Reese e Finch formano una squadra segreta che opera al di fuori delle leggi ufficiali, aiutati occasionalmente dal detective Joss Carter (Taraji P. Henson) e dall'agente Lionel Fusco (Kevin Chapman).

La serie esplora le implicazioni etiche e morali della sorveglianza di massa e del potere dell'intelligenza artificiale. Mentre Finch e Reese lavorano per prevenire crimini, devono anche affrontare le minacce provenienti da vari nemici, tra cui criminali organizzati, agenti governativi corrotti e altre intelligenze artificiali avanzate come "Samaritan".

Person of Interest è nota per la sua narrazione complessa e avvincente, che combina elementi di thriller, azione e fantascienza. La serie utilizza un mix di episodi autoconclusivi e trame orizzontali che si sviluppano nel corso delle stagioni, esplorando la crescita e l'evoluzione dei personaggi principali.

Il cast di Person of Interest offre performance potenti e convincenti, con Michael Emerson che interpreta Harold Finch con una combinazione di vulnerabilità e determinazione. Jim Caviezel è altrettanto impressionante nel ruolo di John Reese, portando un'intensità fisica e emotiva al personaggio. Taraji P. Henson, Kevin Chapman e altri membri del cast aggiungono ulteriore profondità e complessità alla serie.

La produzione di Person of Interest è di alta qualità, con sequenze d'azione ben coreografate, effetti visivi impressionanti e una regia che cattura efficacemente l'atmosfera tesa e futuristica della serie. La colonna sonora, composta da Ramin Djawadi, aggiunge ulteriore intensità e emozione alla narrazione.

Person of Interest ha ricevuto numerosi premi e riconoscimenti, diventando una delle serie più acclamate e innovative della televisione. La serie è stata lodata per la sua scrittura intelligente, le performance del cast e la sua capacità di esplorare temi rilevanti e complessi con profondità e precisione.

In conclusione, Person of Interest è una serie che ha saputo combinare dramma, azione e fantascienza in modo magistrale. Con una narrazione avvincente, personaggi complessi e una rappresentazione affascinante delle implicazioni dell'intelligenza artificiale e della sorveglianza, è una serie che continua a essere celebrata per la sua qualità e il suo impatto culturale.

90. Twin Peaks: The Return - Twin Peaks (2017)

Twin Peaks: The Return (2017) è una serie televisiva di genere dramma, mistero e thriller psicologico creata da David Lynch e Mark Frost. La serie è il sequel dell'iconica serie televisiva "Twin Peaks" degli anni '90 e riprende la storia 25 anni dopo gli eventi originali, esplorando nuove dimensioni di mistero e surrealismo.

La trama di Twin Peaks: The Return si concentra su Dale Cooper (Kyle MacLachlan), l'agente dell'FBI che era rimasto intrappolato nella dimensione soprannaturale della Loggia Nera alla fine della serie originale. Mentre Cooper tenta di trovare una via d'uscita, il suo doppelgänger malvagio è libero nel mondo reale, causando caos e distruzione. La serie segue diverse linee narrative e introduce nuovi personaggi, espandendo l'universo di Twin Peaks e portando avanti il tema centrale del dualismo tra bene e male.

La narrazione di Twin Peaks: The Return è caratterizzata dallo stile distintivo di David Lynch, che mescola realismo e surrealismo, creando un'esperienza visiva e emotiva unica. La serie esplora temi come l'identità, il tempo, la memoria e la natura del male, utilizzando un linguaggio cinematografico che sfida le convenzioni narrative tradizionali.

Il cast di Twin Peaks: The Return include molti dei personaggi originali, tra cui Kyle MacLachlan, che offre una performance straordinaria nel doppio ruolo di Cooper e del suo doppelgänger. Altri membri del cast originale, come Sheryl Lee, Mädchen Amick e Ray Wise, riprendono i loro ruoli iconici, mentre nuovi personaggi interpretati da attori come Laura Dern, Naomi Watts e Michael Cera arricchiscono ulteriormente la narrazione.

La serie è acclamata per la sua audacia creativa e la sua capacità di esplorare nuove profondità psicologiche e tematiche. La regia di David Lynch è al contempo enigmatica e ipnotica, creando un'atmosfera che è allo stesso tempo inquietante e affascinante. La colonna sonora, composta da Angelo Badalamenti, aggiunge ulteriore intensità emotiva alla serie, con brani che evocano la nostalgia e il mistero di Twin Peaks.

Twin Peaks: The Return ha ricevuto numerosi premi e riconoscimenti, diventando una delle serie più acclamate e discusse del 2017. La serie è stata lodata per la sua capacità di sfidare le aspettative del pubblico e di offrire un'esperienza narrativa che è tanto intellettualmente stimolante quanto emotivamente coinvolgente.

In conclusione, Twin Peaks: The Return è una serie che ha saputo combinare dramma, mistero e surrealismo in modo magistrale. Con una narrazione complessa, personaggi iconici e una rappresentazione visivamente stupefacente del mondo di Twin Peaks, è una serie che continua a essere celebrata per la sua qualità e il suo impatto culturale.

91. Streghe - Charmed (1998)

Streghe - Charmed (1998) è una serie televisiva di genere fantasy e dramma creata da Constance M. Burge. La serie segue le vite di tre sorelle che scoprono di essere potenti streghe e devono bilanciare le loro vite quotidiane con le responsabilità di proteggere il mondo dalle forze del male.

La trama di Streghe ruota attorno alle sorelle Halliwell: Prue (Shannen Doherty), Piper (Holly Marie Combs) e Phoebe (Alyssa Milano). Dopo la morte della loro nonna, le sorelle si riuniscono nella casa di famiglia a San Francisco e scoprono il Libro delle Ombre, un antico tomo magico che rivela loro la verità sulla loro eredità di streghe. Ogni sorella possiede un potere unico: Prue ha il potere della telecinesi, Piper può congelare il tempo, e Phoebe ha il dono della premonizione.

Nel corso della serie, le sorelle Halliwell affrontano una vasta gamma di demoni, stregoni, e altre creature soprannaturali, utilizzando i loro poteri magici e la loro astuzia per proteggere gli innocenti. La loro missione come il "Potere del Trio" è guidata dalla necessità di mantenere l'equilibrio tra il bene e il male, affrontando nel contempo le sfide personali delle loro vite quotidiane.

Streghe esplora temi come la famiglia, la responsabilità, e l'empowerment femminile. La serie è nota per la sua rappresentazione di donne forti e indipendenti che affrontano le loro paure e i loro demoni, sia letteralmente che metaforicamente. Le relazioni tra le sorelle sono al centro della narrazione, mostrando come il legame familiare possa superare qualsiasi avversità.

Il cast di Streghe offre performance memorabili, con Shannen Doherty, Holly Marie Combs e Alyssa Milano che portano alla vita personaggi complessi e sfaccettati. Dopo la terza stagione, Shannen Doherty lascia la serie e il suo personaggio, Prue, viene sostituito dalla quarta sorella, Paige Matthews (Rose McGowan), che ha il potere della telecinesi e del teletrasporto.

La produzione di Streghe è di alta qualità, con effetti speciali che danno vita alle varie magie e creature soprannaturali. La serie utilizza un mix di dramma, avventura e umorismo per creare una narrazione avvincente che ha mantenuto un forte seguito di fan nel corso degli anni.

Streghe ha ricevuto numerosi premi e riconoscimenti, diventando una delle serie fantasy più popolari degli anni '90 e 2000. La sua capacità di combinare elementi di dramma familiare e soprannaturale in modo accessibile e coinvolgente ha reso la serie un punto di riferimento nel genere.

In conclusione, Streghe è una serie che ha saputo combinare dramma, magia e avventura in modo magistrale. Con una narrazione ricca di emozioni, personaggi complessi e una rappresentazione affascinante del mondo delle streghe, è una serie che continua a essere apprezzata per la sua qualità e il suo impatto culturale.

92. Euphoria - Euphoria (2019)

Euphoria (2019) è una serie televisiva di genere dramma creata da Sam Levinson. La serie segue le vite di un gruppo di adolescenti mentre affrontano problemi di identità, traumi, droga, amore e amicizia. È nota per la sua rappresentazione cruda e realistica delle sfide giovanili contemporanee.

La trama di Euphoria si concentra principalmente su Rue Bennett (Zendaya), una diciassettenne con problemi di dipendenza da droghe che torna a casa dopo un periodo di riabilitazione. Rue lotta per trovare un senso di stabilità e felicità nella sua vita, mentre naviga le complesse dinamiche sociali e familiari. La sua vita cambia quando incontra Jules Vaughn (Hunter Schafer), una ragazza transgender che diventa una delle sue più strette amiche e un punto focale della sua esistenza.

Euphoria esplora temi come la dipendenza, la salute mentale, la sessualità, l'identità di genere e le pressioni sociali. La serie non evita di affrontare argomenti difficili e spesso tabù, offrendo una rappresentazione onesta e talvolta sconvolgente della realtà adolescenziale. Ogni episodio utilizza una narrazione visivamente stilizzata e innovativa per immergere gli spettatori nelle esperienze emotive e sensoriali dei personaggi.

Il cast di Euphoria include anche personaggi come Nate Jacobs (Jacob Elordi), un giovane problematico con un passato oscuro, Maddy Perez (Alexa Demie), la fidanzata di Nate che lotta con la sua autostima e il suo valore, e Cassie Howard (Sydney Sweeney), una ragazza dolce ma insicura che cerca l'amore e l'accettazione. Ogni personaggio ha il proprio arco narrativo, che si intreccia con quelli degli altri, creando una narrazione ricca e sfumata.

Euphoria è acclamata per le performance potenti e realistiche del suo cast, in particolare quella di Zendaya, che ha ricevuto numerosi premi, tra cui un Emmy, per il suo ruolo di Rue. La serie è anche nota per la sua colonna sonora evocativa, curata dal musicista britannico Labrinth, che aggiunge ulteriore profondità emotiva alle scene.

La produzione di Euphoria è di altissimo livello, con una regia e una cinematografia che utilizzano colori vivaci, inquadrature innovative e tecniche di montaggio non convenzionali per creare un'esperienza visiva unica. La serie ha ricevuto lodi per il suo impegno nel rappresentare in modo autentico e non giudicante le esperienze degli adolescenti.

Euphoria ha avuto un impatto significativo sulla cultura popolare e ha stimolato conversazioni importanti sui temi che tratta. La serie è stata lodata per il suo coraggio nel rappresentare la verità cruda e spesso dolorosa della vita adolescenziale, diventando un punto di riferimento nel panorama televisivo contemporaneo.

In conclusione, Euphoria è una serie che ha saputo combinare dramma, realismo e innovazione visiva in modo magistrale. Con una narrazione complessa, personaggi sfaccettati e una rappresentazione autentica delle sfide giovanili, è una serie che continua a essere celebrata per la sua qualità e il suo impatto culturale.

93. Pose - Pose (2018)

Pose (2018) è una serie televisiva di genere dramma creata da Ryan Murphy, Brad Falchuk e Steven Canals. Ambientata nella New York degli anni '80 e '90, la serie esplora la cultura del ballo, le lotte della comunità LGBTQ+ e l'impatto dell'epidemia di AIDS. È nota per il suo cast inclusivo e per la rappresentazione autentica della vita nella scena del ballo.

La trama di Pose si concentra su diverse "case" della scena del ballo, comunità guidate da "madri" che offrono supporto e una famiglia alternativa ai giovani emarginati. Una delle case principali è la House of Evangelista, fondata da Blanca Rodriguez-Evangelista (Mj Rodriguez), una donna transgender determinata a creare una famiglia unita e a combattere per i diritti della sua comunità.

Blanca recluta giovani membri per la sua casa, tra cui Damon Richards (Ryan Jamaal Swain), un talentuoso ballerino che sogna di diventare un professionista, e Angel Evangelista (Indya Moore), una modella transessuale che lotta per trovare il suo posto nel mondo. La serie segue le loro vite e le competizioni nel mondo del ballo, mostrando la creatività e l'espressione di sé che definiscono questa cultura.

Pose esplora temi come l'identità, la famiglia, la lotta per i diritti civili e l'impatto devastante dell'epidemia di AIDS sulla comunità LGBTQ+. La serie offre una rappresentazione autentica e commovente delle esperienze delle persone transgender e gay di colore, mettendo in luce le loro storie di resilienza e speranza.

Il cast di Pose è noto per la sua inclusività, con molti attori transgender che interpretano ruoli principali. Mj Rodriguez, Indya Moore, Dominique Jackson (nel ruolo di Elektra Abundance) e Billy Porter (nel ruolo di Pray Tell) offrono performance potenti e sfumate che hanno ricevuto numerosi elogi. Billy Porter, in particolare, ha vinto un Emmy per la sua interpretazione di Pray Tell, un maestro di cerimonie delle ball e attivista della comunità.

La produzione di Pose è di altissimo livello, con una cura meticolosa dei costumi, delle scenografie e delle coreografie che catturano l'essenza della scena del ballo e dell'epoca. La serie utilizza una colonna sonora evocativa che include brani iconici degli anni '80 e '90, aggiungendo ulteriore profondità emotiva alla narrazione.

Pose ha ricevuto numerosi premi e riconoscimenti per la sua rappresentazione autentica e per il suo impatto culturale. La serie è stata lodata per la sua capacità di dare voce e visibilità a una comunità spesso marginalizzata, offrendo storie di amore, lotta e trionfo.

In conclusione, Pose è una serie che ha saputo combinare dramma, rappresentazione culturale e autenticità in modo magistrale. Con una narrazione ricca e sfumata, personaggi complessi e una rappresentazione affascinante della scena del ballo, è una serie che continua a essere celebrata per la sua qualità e il suo impatto culturale.

94. Yellowstone - Yellowstone (2018)

Yellowstone (2018) è una serie televisiva di genere dramma e western creata da Taylor Sheridan e John Linson. La serie segue le vicende della famiglia Dutton, proprietaria del più grande ranch contiguo negli Stati Uniti, mentre affrontano conflitti con sviluppatori immobiliari, una riserva indiana e il Parco Nazionale di Yellowstone.

La trama di Yellowstone si concentra su John Dutton (Kevin Costner), il patriarca della famiglia Dutton, che lotta per proteggere il suo ranch e mantenere il controllo sulle vaste terre di proprietà della famiglia. John è un uomo forte e determinato, disposto a tutto pur di difendere la sua eredità e il suo modo di vivere. La serie esplora le dinamiche familiari, le alleanze e i tradimenti, e le lotte di potere che caratterizzano la vita dei Dutton.

La famiglia Dutton include Kayce Dutton (Luke Grimes), il figlio più giovane di John, che è un ex soldato Navy SEAL con una moglie nativa americana e un figlio piccolo; Beth Dutton (Kelly Reilly), la figlia di John, una donna d'affari brillante ma emotivamente danneggiata; e Jamie Dutton (Wes Bentley), il figlio adottivo di John, un avvocato ambizioso che cerca di dimostrare il suo valore.

Yellowstone esplora temi come la lealtà familiare, la lotta per la terra, la corruzione e la giustizia. La serie è nota per la sua rappresentazione realistica e cruda della vita rurale e delle complessità del possesso della terra. Le tensioni tra i Dutton e le varie forze che minacciano il loro ranch creano una narrazione avvincente e ricca di colpi di scena.

Il cast di Yellowstone offre performance potenti e convincenti, con Kevin Costner che guida la serie con una presenza carismatica e autorevole. Kelly Reilly, Luke Grimes e Wes Bentley offrono interpretazioni altrettanto solide, portando alla vita personaggi complessi e sfaccettati.

La produzione di Yellowstone è di altissimo livello, con una cinematografia che cattura la maestosità e la bellezza selvaggia del paesaggio del Montana. La serie utilizza un mix di dramma, azione e momenti emotivi per creare un'atmosfera che è allo stesso tempo epica e intima.

Yellowstone ha ricevuto numerosi premi e riconoscimenti, diventando una delle serie più popolari e acclamate del suo genere. La serie è stata lodata per la sua scrittura intelligente, le performance del cast e la capacità di esplorare temi rilevanti e complessi con profondità e autenticità.

In conclusione, Yellowstone è una serie che ha saputo combinare dramma familiare, western e conflitti di potere in modo magistrale. Con una narrazione avvincente, personaggi complessi e una rappresentazione affascinante della vita rurale, è una serie che continua a essere celebrata per la sua qualità e il suo impatto culturale.

95. The Haunting of Hill House - The Haunting of Hill House (2018)

The Haunting of Hill House (2018) è una serie televisiva di genere horror e dramma creata da Mike Flanagan, basata sull'omonimo romanzo di Shirley Jackson. La serie è una rivisitazione moderna della classica storia di fantasmi e segue le vicende della famiglia Crain mentre affrontano i traumi del loro passato in una casa infestata.

La trama di The Haunting of Hill House si sviluppa su due linee temporali: il passato, quando la famiglia Crain si trasferisce nella maestosa e inquietante Hill House per ristrutturarla e venderla, e il presente, quando i membri sopravvissuti della famiglia devono confrontarsi con i ricordi traumatici e i fantasmi che ancora lì perseguitano. La casa si rivela presto un luogo di orrori soprannaturali, che portano a eventi tragici e devastanti.

La famiglia Crain è composta dai genitori, Hugh (Henry Thomas nel passato, Timothy Hutton nel presente) e Olivia Crain (Carla Gugino), e dai loro cinque figli: Steven (Michiel Huisman), Shirley (Elizabeth Reaser), Theodora "Theo" (Kate Siegel), e i gemelli Luke (Oliver Jackson-Cohen) e Nell (Victoria Pedretti). Ognuno di loro è segnato in modo diverso dalle esperienze vissute a Hill House, e la serie esplora le loro storie personali e le loro lotte con i demoni interiori e reali.

The Haunting of Hill House è nota per la sua narrazione intricata e per la capacità di intrecciare orrore psicologico e dramma familiare. La serie utilizza flashback e salti temporali per rivelare gradualmente i segreti della casa e della famiglia, mantenendo un'atmosfera di tensione costante. La rappresentazione dei fantasmi e degli eventi soprannaturali è realizzata con maestria, utilizzando effetti speciali e tecniche di regia innovative per creare un'esperienza visivamente e emotivamente coinvolgente.

Il cast di The Haunting of Hill House offre performance eccezionali, con ogni attore che porta alla vita personaggi profondamente complessi e sfaccettati. Carla Gugino è particolarmente impressionante nel ruolo di Olivia, una madre amorevole e fragile la cui sanità mentale è messa alla prova dalle forze oscure di Hill House. Victoria Pedretti e Oliver Jackson-Cohen sono altrettanto notevoli nei ruoli di Nell e Luke, i gemelli che lottano con le cicatrici lasciate dagli eventi del passato.

La produzione di The Haunting of Hill House è di altissimo livello, con una regia e una cinematografia che catturano l'oscurità e la bellezza inquietante della casa. La serie è acclamata per la sua capacità di bilanciare horror e dramma, offrendo una narrazione che è tanto spaventosa quanto emotivamente risonante.

The Haunting of Hill House ha ricevuto numerosi premi e riconoscimenti, diventando una delle serie horror più acclamate degli ultimi anni. La sua capacità di esplorare temi di trauma, perdita e redenzione attraverso una lente soprannaturale ha conquistato sia la critica che il pubblico.

In conclusione, The Haunting of Hill House è una serie che ha saputo combinare horror e dramma in modo magistrale. Con una narrazione complessa, personaggi profondi e una rappresentazione visivamente stupefacente del mondo soprannaturale, è una serie che continua a essere celebrata per la sua qualità e il suo impatto emotivo.

96. Sharp Objects - Sharp Objects (2018)

Sharp Objects (2018) è una miniserie televisiva di genere dramma e thriller psicologico creata da Marti Noxon e basata sull'omonimo romanzo di Gillian Flynn. La serie segue la storia di Camille Preaker, una giornalista che torna nella sua città natale per investigare su una serie di omicidi, solo per ritrovarsi confrontata con i demoni del suo passato.

La trama di Sharp Objects ruota attorno a Camille Preaker (Amy Adams), una reporter con un passato tormentato e problemi di autolesionismo. Dopo essere stata dimessa da un ospedale psichiatrico, Camille viene incaricata dal suo capo, Curry (Miguel Sandoval), di coprire la storia degli omicidi di due giovani ragazze nella sua città natale di Wind Gap, Missouri. Tornare a Wind Gap significa per Camille affrontare la sua complessa e disfunzionale famiglia, inclusa la madre ipercontrollante Adora Crellin (Patricia Clarkson) e la sorellastra Amma (Eliza Scanlen).

Mentre Camille indaga sui crimini, i suoi traumi passati emergono, complicando ulteriormente la sua ricerca della verità. La serie esplora temi come la malattia mentale, il trauma, l'autolesionismo e le dinamiche familiari tossiche. Il ritorno a casa mette Camille in una posizione difficile, poiché deve navigare tra i ricordi dolorosi della sua infanzia e la manipolazione emotiva di sua madre.

Sharp Objects è acclamata per la sua atmosfera tesa e inquietante, creata attraverso una regia attenta ai dettagli e una cinematografia che cattura l'essenza oscura e opprimente di Wind Gap. La serie utilizza flashback e tecniche di montaggio innovative per esplorare il passato di Camille e le sue lotte interne, offrendo una narrazione che è tanto viscerale quanto emotivamente complessa.

Il cast di Sharp Objects offre performance straordinarie, con Amy Adams che guida la serie con una rappresentazione potente e sfumata di Camille Preaker. Adams porta alla vita un personaggio profondamente ferito e vulnerabile, il cui viaggio emotivo è al centro della narrazione. Patricia Clarkson è altrettanto impressionante nel ruolo di Adora, offrendo una performance che è sia affascinante che inquietante. Eliza Scanlen, nei panni di Amma, aggiunge ulteriore profondità alla dinamica familiare con una performance magnetica e imprevedibile.

La produzione di Sharp Objects è di altissimo livello, con una colonna sonora evocativa e una direzione artistica che enfatizzano il tono cupo e misterioso della serie. La miniserie è stata lodata per la sua capacità di esplorare temi complessi con sensibilità e profondità, offrendo una narrazione che è tanto avvincente quanto emotivamente risonante.

Sharp Objects ha ricevuto numerosi premi e riconoscimenti, tra cui nomination ai Golden Globe e agli Emmy, consolidando il suo posto come una delle migliori miniserie degli ultimi anni. La sua capacità di combinare dramma psicologico e thriller in modo magistrale ha conquistato sia la critica che il pubblico.

In conclusione, Sharp Objects è una miniserie che ha saputo esplorare i temi del trauma e della redenzione in modo intenso e coinvolgente. Con una narrazione complessa, personaggi profondi e una rappresentazione visivamente stupefacente del mondo interiore di Camille, è una serie che continua a essere celebrata per la sua qualità e il suo impatto emotivo.

97. Maniac - Maniac (2018)

Maniac (2018) è una miniserie televisiva di genere dramma, commedia nera e fantascienza creata da Patrick Somerville e diretta da Cary Joji Fukunaga. La serie è un adattamento dell'omonima serie televisiva norvegese e segue la storia di due estranei che partecipano a una sperimentazione farmaceutica che promette di risolvere i loro problemi mentali, solo per ritrovarsi in un viaggio attraverso mondi surreali e onirici.

La trama di Maniac ruota attorno a Annie Landsberg (Emma Stone) e Owen Milgrim (Jonah Hill), due individui con problemi psicologici che si offrono volontari per un trial clinico condotto dalla Neberdine Pharmaceutical Biotech. Annie è tormentata dalla morte della sorella e dalla sua relazione disfunzionale con la madre, mentre Owen, che soffre di schizofrenia, lotta con le pressioni della sua famiglia ricca e potente.

Il trial, supervisionato dal dottor James K. Mantleray (Justin Theroux) e dalla dottoressa Azumi Fujita (Sonoya Mizuno), promette di risolvere tutti i problemi mentali dei partecipanti attraverso una serie di pillole sperimentali. Tuttavia, il processo prende una piega inaspettata quando Annie e Owen si ritrovano a condividere esperienze mentali surreali e oniriche, attraversando vari scenari che esplorano le profondità delle loro psiche.

Maniac esplora temi come la salute mentale, la connessione umana e la ricerca della felicità. La serie utilizza una narrazione non convenzionale e visivamente innovativa per immergere gli spettatori nei mondi interiori dei personaggi, creando un'esperienza che è tanto emotivamente complessa quanto esteticamente affascinante.

Il cast di Maniac offre performance eccezionali, con Emma Stone e Jonah Hill che guidano la serie con interpretazioni potenti e sfumate. Emma Stone porta alla vita un personaggio profondamente ferito e determinato, mentre Jonah Hill offre una rappresentazione empatica e struggente di un uomo che cerca di trovare il suo posto nel mondo. Justin Theroux e Sonoya Mizuno aggiungono ulteriore profondità alla serie con le loro interpretazioni di scienziati eccentrici e complessi.

La produzione di Maniac è di altissimo livello, con una regia e una cinematografia che utilizzano colori vivaci, inquadrature creative e tecniche di montaggio innovative per creare un'atmosfera surreale e immersiva. La colonna sonora, composta da Dan Romer, aggiunge ulteriore profondità emotiva alla narrazione, con brani che riflettono le emozioni e le esperienze dei personaggi.

Maniac ha ricevuto numerosi premi e riconoscimenti, diventando una delle miniserie più acclamate del 2018. La serie è stata lodata per la sua audacia creativa, la scrittura intelligente e le performance del cast, consolidando il suo posto come una delle migliori produzioni televisive dell'anno.

In conclusione, Maniac è una miniserie che ha saputo combinare dramma, commedia nera e fantascienza in modo magistrale. Con una narrazione complessa, personaggi profondi e una rappresentazione visivamente stupefacente dei mondi interiori dei personaggi, è una serie che continua a essere celebrata per la sua qualità e il suo impatto culturale.

98. Altered Carbon - Altered Carbon (2018)

Altered Carbon (2018) è una serie televisiva di genere fantascienza e cyberpunk creata da Laeta Kalogridis e basata sul romanzo omonimo di Richard K. Morgan. La serie è ambientata in un futuro distopico dove la coscienza umana può essere trasferita da un corpo all'altro, esplorando temi di identità, immortalità e potere.

La trama di Altered Carbon si svolge nel 2384, in un mondo in cui la tecnologia ha reso possibile digitalizzare la coscienza umana e trasferirla in nuovi corpi, chiamati "custodie". Questo processo, noto come "reincarno", ha cambiato radicalmente la società, creando un'elite di individui praticamente immortali. La storia segue Takeshi Kovacs (Joel Kinnaman), un ex soldato d'élite risvegliato dopo 250 anni in una nuova custodia per risolvere il mistero dell'omicidio di Laurens Bancroft (James Purefoy), uno degli uomini più ricchi del mondo.

Kovacs, l'unico sopravvissuto di un gruppo di guerriglieri ribelli sconfitti, deve navigare un mondo pieno di intrighi politici, corruzione e violenza. Mentre indaga sull'omicidio di Bancroft, scopre segreti che minacciano di distruggere l'intero sistema sociale basato sulla tecnologia del reincarno.

Altered Carbon esplora temi come l'immortalità, la perdita di identità e le disuguaglianze sociali. La serie è nota per la sua narrazione complessa e il suo ricco universo visivo, che combina elementi di noir, cyberpunk e thriller. Le questioni etiche e filosofiche sollevate dalla possibilità di trasferire la coscienza umana sono centrali alla trama, offrendo una riflessione profonda sulle implicazioni di tale tecnologia.

Il cast di Altered Carbon offre performance solide e convincenti, con Joel Kinnaman che interpreta Takeshi Kovacs con una combinazione di durezza e vulnerabilità. James Purefoy è affascinante e enigmatico nel ruolo di Laurens Bancroft, mentre Martha Higareda interpreta Kristin Ortega, una determinata detective della polizia con legami personali con Kovacs.

La produzione di Altered Carbon è di altissimo livello, con effetti speciali impressionanti e una direzione artistica che cattura l'estetica cyberpunk del futuro distopico. La serie utilizza una cinematografia elegante e una colonna sonora evocativa per creare un'atmosfera immersiva e coinvolgente.

Altered Carbon ha ricevuto recensioni positive per la sua narrazione ambiziosa, le performance del cast e la qualità della produzione. La serie è stata lodata per la sua capacità di combinare intrattenimento e riflessione filosofica, offrendo una visione affascinante e inquietante del futuro.

In conclusione, Altered Carbon è una serie che ha saputo combinare fantascienza, noir e thriller in modo magistrale. Con una narrazione complessa, personaggi profondi e una rappresentazione visivamente stupefacente del mondo cyberpunk, è una serie che continua a essere celebrata per la sua qualità e il suo impatto culturale.

99. This Is Us - This Is Us (2016)

This Is Us (2016) è una serie televisiva di genere dramma familiare creata da Dan Fogelman. La serie segue le vite della famiglia Pearson attraverso diverse generazioni, esplorando temi di amore, perdita, identità e redenzione. È nota per la sua narrazione emotiva e per l'uso di flashback e flashforward per raccontare la storia dei personaggi.

La trama di This Is Us ruota attorno a Jack (Milo Ventimiglia) e Rebecca Pearson (Mandy Moore) e ai loro tre figli: Kevin (Justin Hartley), Kate (Chrissy Metz) e Randall (Sterling K. Brown). La serie si sviluppa su diverse linee temporali, mostrando la famiglia Pearson negli anni '80, '90 e nel presente. Ogni episodio intreccia storie del passato e del presente per rivelare come gli eventi e le scelte della loro giovinezza abbiano influenzato le loro vite attuali.

Jack e Rebecca affrontano le sfide del matrimonio e della genitorialità, cercando di crescere i loro figli nel miglior modo possibile. Kevin, Kate e Randall, ognuno con le proprie lotte personali, cercano di trovare il proprio posto nel mondo mentre affrontano le complessità delle loro relazioni familiari.

This Is Us esplora temi come l'identità, l'adozione, il lutto, la salute mentale e la ricerca della felicità. La serie è acclamata per la sua capacità di affrontare questioni universali con sensibilità e profondità, offrendo una narrazione che è tanto emotivamente risonante quanto avvincente.

Il cast di This Is Us offre performance eccezionali, con Milo Ventimiglia e Mandy Moore che guidano la serie con interpretazioni potenti e sfumate di Jack e Rebecca. Sterling K. Brown è particolarmente notevole nel ruolo di Randall, offrendo una rappresentazione complessa e commovente di un uomo che cerca di bilanciare le sue responsabilità familiari e professionali. Chrissy Metz e Justin Hartley portano alla vita personaggi profondamente umani e vulnerabili, ognuno con le proprie sfide e trionfi.

La produzione di This Is Us è di altissimo livello, con una regia e una cinematografia che catturano l'intimità e l'emozione delle storie dei Pearson. La serie utilizza una colonna sonora evocativa che aggiunge ulteriore profondità emotiva alla narrazione, con brani che riflettono i temi e le emozioni dei personaggi.

This Is Us ha ricevuto numerosi premi e riconoscimenti, tra cui Emmy, Golden Globe e Screen Actors Guild Awards, diventando una delle serie drammatiche più apprezzate della televisione contemporanea. La serie è stata lodata per la sua capacità di toccare il cuore degli spettatori e di offrire una rappresentazione autentica delle complessità della vita familiare.

In conclusione, This Is Us è una serie che ha saputo combinare dramma familiare e narrazione emotiva in modo magistrale. Con una narrazione complessa, personaggi profondi e una rappresentazione autentica delle sfide e delle gioie della vita, è una serie che continua a essere celebrata per la sua qualità e il suo impatto emotivo.

100. Mr. Robot - Mr. Robot (2015)

Mr. Robot (2015) è una serie televisiva di genere dramma e thriller psicologico creata da Sam Esmail. La serie segue le vicende di Elliot Alderson, un giovane ingegnere informatico e hacker con disturbi mentali, mentre si unisce a un gruppo di hacktivisti per smantellare una delle più grandi corporazioni del mondo.

La trama di Mr. Robot si concentra su Elliot Alderson (Rami Malek), un brillante ma socialmente isolato ingegnere della sicurezza informatica che lavora per la Allsafe Cybersecurity. Elliot soffre di disturbi d'ansia, depressione e allucinazioni, e spesso si auto-medica con la morfina. La sua vita cambia radicalmente quando viene avvicinato da un misterioso anarchico conosciuto solo come Mr. Robot (Christian Slater), che lo recluta per unirsi a un gruppo di hacktivisti chiamato fsociety.

L'obiettivo di fsociety è di distruggere la multinazionale E Corp, che Elliot chiama Evil Corp, e liberare il mondo dai debiti attraverso un attacco informatico su larga scala. Mentre Elliot si immerge sempre più nel mondo dell'hacktivismo, lotta per mantenere la sua sanità mentale e scoprire la verità su sé stesso, la sua famiglia e Mr. Robot.

Mr. Robot esplora temi come la paranoia, la dissociazione, la corruzione aziendale e la lotta per la giustizia sociale. La serie è nota per la sua rappresentazione realistica e approfondita della pirateria informatica e per il suo stile visivo unico e innovativo. La narrazione utilizza spesso colpi di scena, monologhi interiori e una regia che sfida le convenzioni tradizionali per immergere gli spettatori nella mente frammentata di Elliot.

Il cast di Mr. Robot offre performance eccezionali, con Rami Malek che guida la serie con una rappresentazione potente e complessa di Elliot Alderson. Malek porta alla vita un personaggio che è al contempo vulnerabile e determinato, offrendo una performance che gli è valsa numerosi premi, tra cui un Emmy. Christian Slater è altrettanto impressionante nel ruolo di Mr. Robot, offrendo una performance carismatica e enigmatica che aggiunge ulteriore profondità alla serie.

La produzione di Mr. Robot è di altissimo livello, con una regia e una cinematografia che utilizzano inquadrature creative, un montaggio innovativo e una colonna sonora evocativa per creare un'atmosfera tesa e immersiva. La serie è acclamata per la sua capacità di combinare dramma psicologico, thriller e commento sociale in una narrazione avvincente e intellettualmente stimolante.

Mr. Robot ha ricevuto numerosi premi e riconoscimenti, diventando una delle serie più acclamate della televisione contemporanea. La serie è stata lodata per la sua scrittura intelligente, le performance del cast e la sua capacità di affrontare temi rilevanti e complessi con profondità e precisione.

In conclusione, Mr. Robot è una serie che ha saputo combinare dramma psicologico, thriller e commento sociale in modo magistrale. Con una narrazione complessa, personaggi profondi e una rappresentazione visivamente stupefacente del mondo dell'hacktivismo, è una serie che continua a essere celebrata per la sua qualità e il suo impatto culturale.